AF226820

5667

Brux. le 15, 4, 40.
rep. 17. Avril 1840. —

— Mon cher confrère,

L'emprunt de quelques unes de vos phrases de votre estimable biblio-théconomie a fournie l'occasion à mes ennemis de me traiter comme plagiaire. Il est vrai, j'aurai dû vous citer, mais je ne pensais pas qu'en prenant des phrases détachées (qui exprimaient si bien les idées que je voulais introduire dans la préface de mon système bibliographique) pour les intercaler dans la préface d'un ouvrage distinct du vôtre, pouvait être un véritable plagiat. D'ailleurs les phrases empruntées sont des préceptes, des règles de bibliographie que tout écrivain doit emprunter s'il veut exprimer la même idée.

Je sais d'avance que cela ne peut vous faire aucun tort ni en France, ni en l'étranger, car tout le monde sait que votre ouvrage a paru le premier, et j'espère que vous ne

serons pas brouillés pour si peu
de peu.
    Avez-vous reçu l'exemplaire
de mon Mist. des bibl. de Bruy.
Donnez moi de vos nouvelles, le
plutôt possible.
            Votre tout dévoué
                Namur,

Monsieur

Mr Constantin

Mr Mess, rue des provénins, 14,

à Paris

Monsieur Constantin,

hommage de l'auteur

Namur

PROJET

D'UN

NOUVEAU SYSTÈME BIBLIOGRAPHIQUE

DES

CONNAISSANCES HUMAINES,

PAR

P. NAMUR,

DOCTEUR EN PHILOSOPHIE ET LETTRES,
CONSERVATEUR-ADJOINT DE LA BIBLIOTHÈQUE ROYALE
DE BRUXELLES

ACQUISITION
21023.

Bruxelles.

IMPRIMERIE DE DEMORTIER FRÈRES,

FAUBOURG DE NAMUR, RUE LEOPOLD, 84.

*

1839

Les exemplaires voulus par la loi ont été déposés — Tout contrefacteur sera poursuivi.

A MM. les Membres

DU

CONSEIL D'ADMINISTRATION

DE LA

BIBLIOTHÈQUE ROYALE

de Bruxelles,

Tribut de gratitude pour la protection éclairée
qu'ils accordent
aux sciences, aux arts et aux lettres.

DE LA PART DE L'AUTEUR.

[annotation manuscrite : ... ce qui est ... d'une ... est li... que de mon Bibliothéconomie ... Constantin 1ʳᵉ édition — 1839.]

PRÉFACE.

La bibliographie, dans son ensemble, s'étant élevée au rang des sciences, la connaissance des livres et de leur *conservation* est devenue l'objet des études des gens savants et zélés à répandre les lumières (1) ; et quoi-qu'elle soit une de ces branches dont l'utilité n'est pas plus apparente que celle d'une infinité d'autres travaux, cependant elle l'emporte peut-être sur bien d'autres. Nonobstant cela, celui qui se livre à l'étude sérieuse de la bibliographie, doit s'attendre à n'avoir pas même la satisfaction que l'on reconnaisse dans ses travaux l'assi-duité et les recherches sans nombre qu'ils lui ont cou-tées. On ignore encore toutes les difficultés que présente la bibliographie à ceux qui la cultivent : ces travaux sont minutieux, pénibles, sans profits, sans éclat, sans gloire ; on ne pense guère à la persévérance qu'il faut au bibliographe, au bibliothécaire, pour ne pas renon-cer à sa tâche, lorsque d'avance il ne peut espérer d'y atteindre la perfection ; car, chaque jour, il fera de nou-velles découvertes ou trouvera des corrections à faire.

Si la science de la bibliographie n'exige pas les dons brillants de l'imagination, les connaissances du biblio-graphe et du bibliothécaire ne peuvent cependant se borner au matériel des livres et de leurs éditions : il lui faut une lecture étendue et encyclopédique, la connais-

---

(1) La bibliographie a, au reste, en elle-même un attrait particulier pour les personnes instruites, et plusieurs ouvrages démontrent que des hommes émi-nents et d'un esprit élevé, n'ont pas dédaigné de s'en occuper ; il y a même peu de savants ou propriétaires de bibliothèques qui n'en éprouvent la tentation, empêchés qu'ils sont par des occupations obligatoires.

sance de l'histoire littéraire (1), la possession des langues
classiques et des principales langues vivantes (2), l'esprit
de critique, le don de l'assiduité, l'amour du travail,
l'esprit d'ordre (3), une grande persévérance, une bonne
mémoire (4), et surtout cette passion pour son état,
qui seule peut lui donner la force et le courage de s'y
vouer entièrement; enfin certaines qualités secondaires
dont l'assemblage n'est pas moins rare (5).

(1) L'étude de l'histoire littéraire et de la connaissance des livres, celle de
leur mérite, de leur rareté, et même des diverses parties de leur matériel, est
si importante, qu'elle doit être au premier rang et continuelle, pour marcher
pas à pas avec l'expérience de chaque jour, qui l'alimente autant par les nouvelles
publications que par l'innombrable quantité de livres qui existent.

(2) La connaissance des langues anciennes et modernes est maintenant si ré-
pandue, qu'il y a peu de personnes qui, cultivant les sciences, ne la possèdent ;
elles ne peuvent même plus s'en passer si elles veulent être au niveau des lumières du siècle. Le bibliothécaire en a donc plus besoin que qui que ce soit, ne
serait-ce que pour classer et cataloguer les livres.

(3) Le bibliothécaire, comme le bibliographe, par la nature de leurs études,
ont besoin d'un zèle assidu, studieux et laborieux; celui qui n'est point doué
du goût du travail et d'une minutieuse exactitude ne peut espérer aucun succès,
et s'il ne possède pas l'esprit d'ordre dans le sens le plus étendu de ce mot, il lui
manque une des qualités essentielles. Ce ne sera que grâce à ces dons qu'une
bibliothèque se trouvera constamment dans un état d'ordre tel, que l'absence ou
la mort du bibliothécaire ne pourra jamais se faire sentir, et que le successeur
ne sera pas forcé, en commençant l'exercice de ses fonctions, de mettre de l'ordre dans l'établissement qui vient de lui être confié.

(4) La mémoire, cette conservatrice de toutes les connaissances, sans laquelle
il n'existe ni science ni art, est plus nécessaire au bibliothécaire qu'à tout autre;
à chaque moment il en a besoin, et jamais elle ne lui sera assez étendue ni assez
fidèle pour se rappeler avec exactitude des titres, des noms d'auteur, des parti-
cularités innombrables du matériel des livres, et pour se souvenir de toutes les
petites localités de la bibliothèque. Il est bien à plaindre si, pour trouver chaque
livre, il est obligé de recourir au catalogue, tandis qu'une bonne mémoire lui
éviterait de nombreux ennuis, des recherches longues et réitérées pour lui-
même et pour ceux qui viennent le consulter.

(5) Une bonne écriture en est une des premières, et, sans vouloir soutenir qu'il
soit positivement de bon ton parmi les gens qui se vouent à l'étude, d'écrire de
travers et mal, sinon illisiblement, il est un fait, c'est que le plus grand nombre
d'entre eux ont contracté cette mauvaise habitude uniquement pour ne pas avoir
l'air d'un homme de bureau, mais bien pour prouver que l'écriture nette et lisi-
ble n'est pas digne d'un esprit supérieur. Un bibliothécaire, plus que tout autre
doit donc s'appliquer, sinon à une belle main, au moins à une écriture nette et
très-lisible; car tous ses travaux, surtout les catalogues, ne sont pas destinés

Les bibliothèques, la littérature et en général toutes les connaissances humaines ont pris, par les progrès du temps et des lumières, un caractère plus précis, et les soins des bibliothèques publiques ne peuvent plus être confiés qu'à des personnes qui, par une étude assidue, ont acquis les différentes connaissances spéciales aux conservateurs de pareils dépôts, et l'activité de celui qui est à la tête d'une bibliothèque doit sans cesse avoir pour but, *l'organisation*. *l'augmentation* et la *conservation bien entendues* du dépôt qui lui est confié ; ne jamais négliger la *classification rationnelle* des livres, la bonne *rédaction des divers catalogues*, et les *soins les plus attentifs dans l'administration de l'ensemble* (1).

Ces peu de mots sur les devoirs, connaissances et qualités d'un bibliothécaire suffiront pour prouver qu'un homme éclairé, ayant fait de bonnes études et connaissant à fond le mécanisme administratif d'une bibliothèque, sera toujours d'une utilité plus réelle, comme bibliothécaire, que le plus grand savant à qui manquerait cette connaissance (2). Et que deviendraient ces magni-

seulement à son propre usage, mais bien à celui de tous ceux qui les consultent, même longtemps après lui.

(1) Beaucoup d'administrateurs ont le grand défaut de s'imaginer qu'ils vivront éternellement, et de ne point penser à l'avenir ni à leurs successeurs ; se fiant sur leur mémoire, ils gardent dans leur tête la clé de leurs travaux, sans rien confier au papier ; et lorsque la mort ou toute autre cause les éloigne de leur place, les affaires qui leur étaient confiées se trouvent dans un tel chaos, qu'on ne peut les débrouiller qu'avec peine et avec du temps et beaucoup de frais.

Un bon moyen conservateur, c'est de former des élèves, afin de trouver parmi eux des aides exercés et des successeurs habiles ; car *souvent les travaux les plus utiles et les mieux entendus restent en projets, ou interrompus par le départ du bibliothécaire, faute de personnes capables et pénétrées des mêmes vues que celui qui les a commencés.*

(2) Au résumé, les devoirs et les connaissances d'un bibliothécaire sont plus étendus et plus nombreux que ceux que l'on exige souvent pour d'autres emplois ; cependant, le public les apprécie rarement, quoique le conservateur d'une bibliothèque puisse, dans sa carrière, se distinguer aussi bien que tout autre savant, et acquérir une célébrité d'autant plus méritée qu'elle est plus difficile à gagner.

Nous sentons qu'en exigeant d'un bibliothécaire tant de savoir, tant de lumières, nous nous faisons à nous-même notre procès. Mais si une expérience

fiques bibliothèques, et à quoi serviraient-elles, si elles n'avaient de ces conservateurs qui. par leurs connaissances et par leur zèle obligeant, les rendent utiles à tout venant et en facilitent tout le service par une *organisation méthodique et bien entendue?* Ce seraient des mines d'or sans exploitation ! (1)

De nos jours, où le goût de la lecture, des reherches scientifiques, historiques et littéraires se répand de plus en plus, les livres occupent, par leur influence sur toutes les classes de la société, une place importante dans les relations des hommes, et les bibliothèques publiques et particulières se multiplient et s'agrandissent proportionnellement ; car, notre siècle est non seulement plus riche en livres qu'aucun de ceux qui se sont écoulés, mais la littérature elle-même a pris un immense développement. Toutes les sciences ont reçu, sinon une nouvelle

Je 14 années passées au service de trois grandes bibliothèques publiques de Belgique ne nous a pas rendu si habile, au moins nous a-t-elle appris, en nous fesant connaître ce qui nous manque, qu'elles sont les connaissances requises du bibliothécaire et les devoirs qu'il a à remplir ; elle nous a mis en état par cela même d'en parler avec plus d'assurance.

(1) Toutes ces qualités, dont nous venons de parler, ne suffisent cependant pas pour rendre un bibliothécaire accompli ; il faut encore qu'il soit bon administrateur pour gérer avec *économie* et *conscience* les fonds disponibles. Mais malheureusement, l'emploi de bibliothécaire est trop souvent conféré, comme une occupation accessoire, à des personnes qui déjà ont d'autres fonctions a remplir. Cependant si l'impossibilité d'accorder les appointements suffisants aux besoins convenables d'une personne oblige à cette espèce de cumul, il faut du moins en choisir un dont le zèle pour la conservation de ce trésor soit bien connu ; mais la nécessité d'une pareille économie n'existe pas, et lorsque la persuasion que cet emploi n'exige que peu de temps et de soins est l'unique cause d'une telle mesure, il n'y a nulle excuse. En tout cas, le cumul est peu admissible pour un bibliothécaire qui veut remplir sa place avec conscience et nuit inévitablement à la bibliothèque et aux intérêts du public qui la fréquente. Nous dirons plus, le bibliothécaire qui ne voudra consacrer aux occupations de son emploi que les heures de l'ouverture de la bibliothèque publique ne pourra remplir ses devoirs que très-imparfaitement, parce que les plus importants et les plus essentiels de ses travaux demandent à être faits dans les heures où il est certain de ne pas être interrompu. De cette manière il n'aura certainement pas le temps de s'occuper de *pamphlets politiques* ni *d'ornithologie* comme le font certains bibliothécaires, auxquels nous nous permettrons de dire qu'ils doivent être bibliothécaires avant tout, s'ils veulent remplir leurs fonctions avec honneur et mériter le salaire qui leur est alloué.

forme, du moins une nouvelle vie, qui se distingue par une activité plus réelle et plus étendue, et les productions littéraires se sont augmentées en quantité et en force agissante sur notre génération.

Cette influence de la littérature, cette estime que les nations ont appris à accorder au mérite scientifique des hommes et des livres. n'ont pas laissé d'agir également sur les bibliothèques publiques et particulières : on a compris qu'il ne suffit pas de réunir un grand nombre de volumes, mais qu'ils soient établis en un ensemble rationnel par leur arrangement matériel et par la rédaction des catalogues; on veut que ces établissements soient au niveau des besoins de notre temps.

L'existence, dans un endroit quelconque, d'un grand nombre de livres entassés dans des caisses ou sur des rayons, ne constitue point une bibliothèque : pour que la réunion d'un grand nombre de livres mérite le nom de bibliothèque, il faut qu'ils soient classés d'après un système quelconque, arrangés de manière que l'on puisse s'en servir. Le principal moyen pour rendre une bibliothèque vraiment utile est de pouvoir satisfaire le plus promptement et le plus facilement possible aux recherches littéraires; et, pour y parvenir, il faut de bons catalogues et une disposition bien raisonnée des livres.

Le catalogue, cette sauve-garde d'une bibliothèque, ce guide fidèle dans l'usage des livres qui la composent, en est en même temps le premier conservateur : c'est par lui que l'existence de chaque volume est constatée; c'est lui qui indique la place où on doit le trouver (1).

La rédaction faite avec la plus minutieuse exactitude, n'est pas si peu importante que bien des gens se l'imaginent; cependant il y a trop d'exemples, même dans quelques-unes des plus célèbres bibliothèques, de cata-

___

(1) Ce catalogue, pour être complet, doit renfermer les titres de tous les ouvrages *sans aucune exception*, qu'ils soient reliés ensemble ou non, qu'ils forment de simples brochures de peu de pages ou des ouvrages d'une centaine de volumes.

page - 33

logues incomplets, inexacts, trop abrégés, ou faits avec une indifférence évidente. Et que résulte-t-il de la rédaction et du classement mal faits d'un catalogue? Recherches multipliées, sinon inutiles, renseignements inexacts, perte de temps, défectuosité des nouveaux catalogues basés sur l'ancien, et enfin, par ces raisons mêmes, inutilité de la bibliothèque.

" 96.

Dresser un catalogue de livres qui ne contienne aucune erreur est, sans doute, aussi impossible que la perfection de toute autre œuvre des hommes, et les difficultés s'y augmentent en proportion des innombrables détails qu'il contient; mais avec de la persévérance, une minutieuse exactitude et une critique éclairée, on peut approcher de cette perfection et donner à un pareil travail le mérite de la véritable utilité, qui ne laisse à celui qui les consulte aucun doute sur leur exactitude micrologique. A cet effet, il faut se livrer à l'ouvrage comme si la perfection était chose possible, et cette illusion peut seule faire faire quelque chose de bon en ce genre.

" 98.

Sous le rapport de la classification des titres, il y en a deux espèces : l'une systématique ou par ordre de matières; l'autre alphabétique. Le catalogue *systématique* est l'état ou l'inventaire dans lequel les livres sont inscrits, suivant un système littéraire et scientifique, chacun à la place que son contenu lui assigne. Dans le catalogue *alphabétique*, au contraire, les ouvrages sont portés, sans aucun égard au sujet dont ils traitent, dans l'ordre de l'alphabet que le nom de l'auteur ou le premier substantif du titre lui indique. Celui-ci a l'avantage de faire découvrir plus promptement un livre dont on connaît le titre; l'autre, tout en présentant le même avantage, aide, en outre, à trouver tous les ouvrages écrits sur un même sujet, et donne, pour les études et les recherches, plus de facilité qu'aucune autre méthode.

" 98.

Il est incontestable que, dans le catalogue alphabétique, on trouve immédiatement un livre, si on en sait littéralement le titre et l'auteur; mais, quand on ne connaît l'un ou l'autre que vaguement, le catalogue systématique est le guide le plus sûr. Il est donc urgent qu'une bibliothèque possède l'un et l'autre. Dans la classification alphabétique, la chose la plus essentielle, c'est de suivre rigoureusement l'alphabet dans la composition syllabaire des mots et des noms. Cette classification est toujours la même, elle n'est soumise à aucun raisonnement; elle est connue de tout écolier, et ne présente point, par conséquent, la moindre incertitude, ni dans son exécution, ni dans les recherches que l'on y fait.

Il n'en est pas de même de la classification systématique. Les catalogues systématiques sont nécessaires comme guides et conseils; mais la classification, pour bien remplir ce but, en est plus difficile que l'on ne pense. et il faut des études sérieuses et une critique éclairée pour savoir assigner à chaque livre sa place précise dans les différentes divisions d'un système bibliographique.

Avant de commencer l'organisation d'une bibliothèque on doit donc tracer un plan mûrement réfléchi et approprié au genre de sa composition et aux localités. Ce plan une fois arrêté, il faut l'adopter et ne plus s'en écarter (1); dès le commencement il est encore du devoir du bibliothécaire d'établir tous les travaux de manière que son successeur puisse s'orienter immédiatement et sans difficulté, afin que l'usage de la bibliothèque n'éprouve jamais d'interruption (2).

(1) La manie des changements et des innovations sans nécessité et sans résultat utile expose parfois à de graves dangers; elle n'est jamais plus nuisible qu'aux bibliothèques où l'on doit se les interdire, surtout en entrant en fonction · on doit alors ne pas s'écarter du chemin tracé par ses prédécesseurs, et ne penser aux véritables améliorations, que lorsqu'on connaîtra parfaitement la bibliothèque dans tous ses détails.

(2) L'administration d'une grande bibliothèque est, de notre temps, tellement étendue et composée de tant de parties, qu'elle nécessite un personnel plus ou moins nombreux. Il faut donc qu'il y soit attaché autant de personnes qu'exigent son étendue et l'usage auquel elle est consacrée; sans cela, l'ordre,

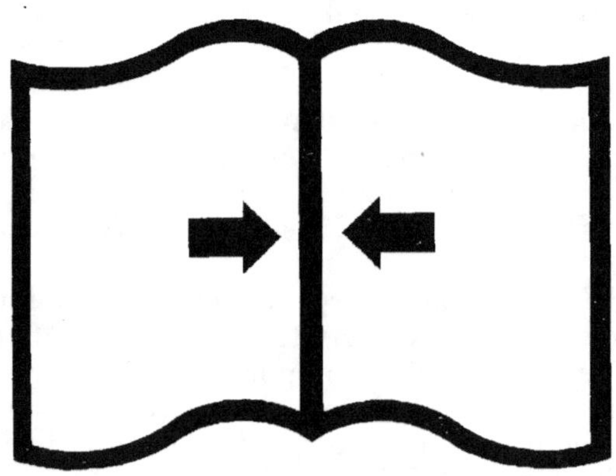

Reliure trop serrée

On ne peut donc être assez circonspect dans le choix ou dans la formation d'un système bibliographique, afin qu'il soit également utile et commode aux différentes classes des lecteurs ; car chacun part d'un point de vue particulier, ses études spéciales lui faisant concevoir une autre filiation des connaissances humaines.

Or, plus un système est simple et rationnel dans le développement naturel des classes principales par les divisions et subdivisions, plus il se rencontrera avec les idées que toute tête logique suit dans ses recherches : mais aussitôt que l'on passe les limites d'un tel système pour se perdre dans les systèmes subtils, compliqués et incertains de la métaphysique on ne travaille que pour soi ou pour ceux qui peuvent suivre la même route.

Il existe, dans le monde littéraire, un grand nombre de ces systèmes, adoptés par les différentes bibliothèques publiques et par les personnes qui ont fait de la bibliographie une étude particulière ; mais la plupart de ces systèmes bibliographiques ne conviennent plus à notre époque ; car les progrès des sciences et les lumières demandent des modifications dont, il y a cinquante ans, on ne sentait aucune nécessité (1).

Le choix parmi ces systèmes dépend, en outre, de l'étendue, de la spécialité d'une bibliothèque, du goût, des études et des connaissances de celui qui s'occupe d'un pareil travail. Les anciens ne nous ont rien laissé sur l'ordre qu'ils observaient dans leurs bibliothèques. Le premier qui a écrit sur cette matière, est un nommé Florian Treffer, qui a donné une méthode pour classer

l'utilité et la conservation souffrent d'une manière toujours croissante. La capacité et le zèle des employés diminuent, au reste, la nécessité du grand nombre ; surtout lorsqu'il leur est présenté une position honorable et des appointements qui les compenseront des travaux continuels et souvent arides de leurs fonctions

(1) Ces modifications deviennent indispensables par la publication d'ouvrages sur des matières jusqu'alors inconnues. Les révolutions politiques, comme les découvertes dans les sciences, offrent constamment des exemples de ce genre. Cependant il faut être aussi circonspect dans la suppression d'une ancienne division que dans la création d'une nouvelle.

les livres, imprimée à Augsbourg en 1560 ; mais on fût plus satisfait des ouvrages que publièrent en 1587 Cor- dona et en 1608, Schott, sur le même sujet (1). Depuis cette époque on a commencé à travailler sur cette matière avec plus de succes encore. En 1627, Naudé, pu- plia son *Avis pour dresser une bibliothèque* (2) ; L. Jacob publia un traité des plus belles bibliothèques publiques et particulières (3). Un des systèmes les plus récomman- dables du 17ᵉ siècle est celui où l'on expose l'ordre et la disposition des livres du collége de Clermont tenu par les Jésuites à Paris (4). Ce n'est guère qu'au commence- ment du 18ᵉ siècle que l'on a vu se perfectionner la ré- daction des catalogues. Le catalogue de Franck, passe pour un chef-d'œuvre de cette époque (5). On doit à Gabriel Martin un grand nombre de bons catalogues et tous rédiges avec beaucoup de soin. Plus tard se distin guèrent dans la rédaction des catalogues, en France : les De Bure frères, Tilliard, Barrois, Merlin, De Lan- dine, Renouard, Brunet, Barbier, etc., etc. ; en Allema- gne : Daehnert, Endlicher, Franck, Enslin, Ersch, Kai- ser, etc. ; en Belgique : Ermens, Paquot, Laserna, etc. ; en Angleterre : Clarke, Johnson, Stewart, Dibdin, etc., etc.

Le système le plus généralement adopté en France est celui de G. Martin, (à quelques modifications près), et qui en devait le fond au père J. Garnier ; et parmi tous les bibliographes qui y ont introduit des modifica-

(1) Voy. Schottus, A , *Hispaniae bibliotheca, s. de academiis et biblio- thecis , etc. Francof.* 1608 . 4º.

(2) Naudé, G., *adris pour dresser une bibliothèque.* Paris , 1637, 8º — 2ᵉ édition, 1644. in-8º — 3ᵉ édition , 1688 . 8º. — Traduit en latin dans Schmidii *accessio ad collectionem Maderianam de bibliothecis. Helmstad.* 1705, 4º, p. 71 *sqq.* — Traduit en anglais par J. Evelyn, sous le titre *Instructions con- cerning erecting a library.* London 1661 , 8º.

(3) Jacob, L., *traité des plus belles bibliothèques publiques et particulières qui out été et qui sont à présent dans le monde.* Paris 1644 , in-8º.

(4) Garnerius, J., *systema bibliothecæ collegii parisiensis Societatis Jesu. Parisiis,* 1678. in-4º. — Voy. aussi J. D. Koelerus *sylloge aliquot scriptorum de ordinanda bibliotheca,* pag. 1 *sqq.*

(5) Franckius, J. M., *catalogus bibliothecæ* Bunavianae *Lipsiæ,* 1750 *sqq,* 3 *tomi* 7 *voll.* in-4º.

tions, tout en conservant les principes fondamentaux, se distingue surtout feu Mʳ A. A. Barbier, dans son *Catalogue de la bibliothèque du conseil d'État, publié à Paris en* 1803, 2 *voll. in-fol.* Ce système adopté partage les livres en *cinq* grandes classes : *Théologie, Jurisprudence, Sciences et Arts, Belles-Lettres,* et *Histoire.* C'est sur ce plan que les livres sont rangés dans la plupart des bibliothèques et que les catalogues sont rédigés.

En Allemagne, en Angleterre, en Hollande et en Belgique presque toutes les bibliothèques publiques ou particulières sont classées d'après un système bibliographique différent; les catalogues ne sont pas non plus rédigés d'après un système uniforme.

Il serait trop long de rapporter ici seulement quelques-uns des principaux systèmes bibliographiques connus et adoptés; voulant cependant laisser au lecteur le choix de celui qui lui paraîtra le meilleur, nous nous sommes décidé à indiquer, dans un *appendice* à cet ouvrage, les sources où il trouvera rapportés ou suivis les différents systèmes bibliographiques. Ces sources sont :

1° Des traités généraux et particuliers sur l'arrangement des bibliothèques.

2° Quelques histoires des bibliothèques.

3° Les principales bibliographies systématiques, générales, nationales et professionales. Enfin,

4° et 5° Des catalogues rédigés par ordre de matières de quelques bibliothèques publiques et particulières.

Quand on n'est pas obligé de respecter une classification déjà établie dans une bibliothèque, et qu'on a les mains libres pour en former une, il faut bien se pénétrer de l'impossibilité de créer un système à la satisfaction de tout le monde; les habitudes, les prédilections pour certaines études; les opinions religieuses et politiques de chacun, y demanderont toujours des changements et même une intervertion complète de l'ensemble. Mais à quelle science doit-on donner le premier rang? Les uns l'assignent à la Théologie; les autres suivent l'ordre graduel de nos connaissances, et les alphabets sont les premiers livres placés et cités dans leur catalogue ; d'autres placent le droit naturel et le droit des gens avant tout, etc. Tous ces systèmes sont plus ou moins imparfaits, et peut-être est-il impossible d'atteindre à une perfection absolue.

Quoiqu'il en soit, nous allons présenter l'esquisse d'un nouveau système bibliographique comme un simple essai dont les imperfections même peuvent être utiles pour conduire par la suite à la découverte d'une nouvelle classification préférable à toutes celles qui existent.

L'ordre adopté pour les grandes divisions de notre système est le suivant :

1re *Division :* Introduction aux connaissances humaines.
2e » Théologie.
3e » Philosophie et Pédagogie.
4e » Jurisprudence.
5e » Sciences mathématiques , physiques et naturelles.
6e » Médecine.
7e » Arts et métiers.
8e » Philologie et Belles-Lettres.
9e » Histoire et sciences accessoires.
10e » Mélanges littéraires et critiques : Journaux.

De cette manière nous aurons parcouru le cercle entier des objets qui servent d'aliment aux travaux d'un homme studieux. Nous avons adopté un système bibliographique différent de tous ceux connus jusqu'à ce jour, système qui nous paraît réunir, autant que possible, tout ce qu'exige l'enchaînement naturel des idées (1).

(1) Nous avons placé la Bibliologie dans la 1re division , parce que les premiers besoins d'un homme qui veut feuilleter les livres et faire usage d'une bibliothèque , doit connaître les livres ; il doit savoir lesquels appartiennent à la matière qu'il se propose d'étudier, et c'est la bibliographie encore qui doit diriger son choix et le fixer sur les meilleurs ouvrages, sur les meilleures éditions.

Nos divisions et sous-divisions présentent de véritables améliorations par leur simplicité ainsi que par la clarté de leur distribution. Nous croyons en outre avoir contribué à faciliter l'arrangement de toute bibliothèque publique ou particulière et la recherche des livres en général.

Ceux qui, faute de connaître la méthode de se rendre une pareille besogne facile, se trouvent embarrassés dans l'arrangement de leurs collections, et qui finissent par s'en dégoûter en les voyant s'augmenter sans pouvoir en rendre l'usage commode, accueilleront peut-être volontiers ce projet. Quel est le propriétaire d'un millier de volumes seulement, qui n'a pas senti le besoin de les voir former un ensemble rationnel, tant par leur disposition sur les rayons que par la rédaction d'un catalogue? Mais souvent l'idée seule de mettre en ordre un nombre de volumes un peu considérable et d'en dresser le catalogue suffit pour l'effrayer et lui faire abandonner une telle entreprise. Les exemples ne manquent pas, non seulement chez les particuliers, mais même dans les bibliothèques publiques.

Nous recevrons avec reconnaissance tous les renseignemens que l'on voudra bien nous donner sur les erreurs que nous aurons commises; nous accueillerons avec un vif empressement toute critique propre à nous éclairer.

Les observations que les bibliographes et les bibliothécaires voudront bien nous adresser, contribueront à rendre plus parfait le système bibliographique, dont nous publions aujourd'hui le projet, et nous espérons pouvoir, au moyen de leur concours, arriver à la formation d'un système bibliographique général, qui puisse être adopté dans toutes les bibliothèques publiques.

BRUXELLES, LE 25 JUILLET 1839.

P. Namur.

PREMIÈRE DIVISION.

Introduction

AUX

CONNAISSANCES HUMAINES.

I. PRÉLIMINAIRES.

    A. Utilité et abus des connaissances humaines.
    B. Classification de ces connaissances.

II. ENCYCLOPÉDIES.

    A. Encyclopédies par ordre alphabétique.
    B.   »   »   »   méthodique.

III. LOGOGRAPHIE.

1° *Du Langage.*

(Sur l'origine du langage, voir la VIIIe division).

2° *Origine de l'Écriture.*

    A. Histoire de l'origine de l'écriture.
        1. Traités généraux.
        2.   »   particuliers.
          a. De l'écriture des Égyptiens.
          b.   »   des Hébreux.
          c.   »   des Phéniciens, Palmyriens, etc.
          d.   »   des Grecs.
          e.   »   des Romains.
          f.   »   des Étrusques.
          g.   »   de différentes autres nations.
    B. Signes, lettres, alphabets et modèles d'écritures de dif-
férentes nations.

3° *Paléographie.*

A. Brachygraphie.
    1. Des sigles, des monogrammes, etc.
    2. Des notes tironiennes.
    3. Des chiffres.
    4. Des abréviations proprement dites.
    5. De la sténographie, de la brachygraphie proprement
       dite.
    6. De la stéganographie, de la cryptographie.
B. Graphique, ou connaissance des manuscrits.
    1. Des manuscrits en général, de leur utilité, etc. :
       Traités généraux.
    2. De la matière employée pour les manuscrits.
    3. Des liqueurs et instruments employés pour l'écriture.
    4. Des ornements des manuscrits ; des miniatures, etc.
    5. De la forme des anciens manuscrits.
    6. Des écrivains, des copistes, des libraires, etc., chez
       les anciens.
C. Catalogues, descriptions et extraits de manuscrits.
    1. Catalogues de manuscrits de bibliothèques publiques.
       a. Catalogues généraux.
       b.   »   des bibliothèques d'Italie.
       c.   »   »   de l'Espagne et du
                                  Portugal.
       d.   »   »   de la France.
       e.   »   »   de l'Allemagne.
       f.   »   »   de la Belgique et de
                                    la Hollande.
       g.   »   »   de Danemark, de la
                                    Suède, etc.
       h.   »   »   de Bohême, de la
                                    Hongrie, etc.
       i.   »   »   de la Suisse.
       j.   »   »   de la Pologne et de
                                    la Russie.
       k.   »   »   de l'Angleterre.
       l.   »   »   de l'Asie.
    2. Catalogues de Mss. des bibliothèques particulières.
       (par ordre alphab.).
    3. Descriptions et extraits de manuscrits.
    4. Collection de manuscrits. (1)

---

(1) Quant à la classification des manuscrits dans une bibliothèque s'ils ne sont
pas très-nombreux, on doit d'abord les diviser par langues, ensuite classer les

4° *Des Autographes.*

A. Traités sur les autographes et sur l'autographie.
B. Catalogues d'autographes.
C. Collection d'autographes et de fac-simile d'autographes (1).

5° *Des Archives.*

(Voyez la IXe division : *Diplomatique pratique*).

6° *Calligraphie.*

A. Traités généraux et élémentaires de calligraphie.
B.   »   particuliers de calligraphie.

IV. BIBLIOLOGIE.

1° *Imprimerie.*

A. Prolégomènes; utilité et abus de l'imprimerie.
B. Origine et progrès de l'imprimerie.
    1. Traités généraux sur l'histoire de l'invention de l'imprimerie.
        a. Auteurs qui attribuent l'honneur de cette découverte à la ville de *Strasbourg*.

manuscrits de chaque langue par ordre chronologique. Mais si leur nombre s'en trouvait trop considérable, il nous semble qu'après les avoir divisés par langues, on pourrait pour chaque langue, les classer par ordre de matières, suivant le système bibliographique adopté; puis les ranger pour chaque matière par ordre chronologique. Une troisième méthode serait de les classer tous par ordre de matières sans avoir égard aux langues dans laquelle les ouvrages sont écrits, en observant néanmoins dans les sous-divisions l'ordre de parenté qu'ont entr'elles les différentes langues. Les copies et les traductions doivent toujours être placées à la suite de leur original.

(1) Pour les autographes on peut admettre deux modes de classification · ou l'ordre alphabétique des noms d'auteurs; ou l'ordre chronologique par dates des pièces. Mais pour rendre ces deux classifications aussi commodes qu'utiles, il serait bon et même nécessaire de les accompagner chacune d'une table, savoir : le mode alphabétique, d'une table chronologique; et le mode chronologique, d'une table alphabétique. Cependant si l'on possédait une collection considérable composée d'un assez grand nombre d'autographes de gens célèbres des différentes nations, et par conséquent écrits en différentes langues, il serait alors nécessaire de diviser la collection générale en autant de collections particulières qu'on aurait de recueils d'autographes en langues diverses; et ensuite chacune de ces collections particulières se classerait selon l'un des deux modes dont nous avons parlé plus haut.

b. Auteurs qui en attribuent l'honneur à la ville de *Mayence*.

c. Auteurs qui en attribuent l'honneur à *Haarlem*.

d. Auteurs qui en attribuent l'honneur de l'invention aux *Chinois* ou à d'autres nations.

2. Histoire de l'établissement de l'imprimerie dans les différents pays.

a. Histoire de l'imprimerie en Italie.

b. » » en Espagne et au Portugal.

c. » » en France.

d. » » en Allemagne.

e. » » en Belgique et en Hollande.

f. » » en Danemark, en Suède, etc.

g. » » en Bohême, en Hongrie, etc.

h. » » en Suisse.

i. » » en Pologne et en Russie.

j. » » en Angleterre.

k. » » en Asie.

l. » » en Amérique.

3. Des impressions du XVe siècle, dites *Incunables*.

a. Répertoires et catalogues généraux d'incunables.

b. Répertoires et catalogues spéciaux d'incunables.

c. Descriptions d'incunables; observations sur des impressions du XVe siècle de différentes villes.

d. Collection d'incunables, depuis l'invention de l'imprimerie jusqu'en 1500 inclus. (1)

4. Fêtes séculaires célébrées en l'honneur de l'invention de l'imprimerie dans les diverses localités.

5. Des imprimeries privées et clandestines.

c. Science pratique de l'imprimerie.

1. Traités généraux sur l'art typographique.

2. » sur différentes parties de la typographie.

3. Du stéréotypage.

4. Épreuves de caractères de l'imprimerie.

5. Biographies des imprimeurs (*voir la XIe division section 4*).

6. Catalogues des livres sortis de leurs presses (par ordre alphabétique.

---

(1) Les incunables peuvent se classer soit par ordre chronologique soit par pays et par villes où ils ont été imprimés.

2° *Librairie* et *Reliure.*

A. Histoire de la librairie.
B. De la propriété littéraire; de la contre-façon.
C. De la censure, de la liberté de la presse.
D. Catalogues des livres condamnés au feu; des livres mis à l'index.
E. Journaux de la librairie.
F. Catalogues officinaux ou catalogues des libraires.
    1. Catalogues généraux; catalogues des foires.
    2. Catalogues particuliers des libraires (A-Z.).
G. Reliure et ornements des livres.
    1. Histoire de la reliure.
    2. Manuels du relieur.
    5. Traités particuliers sur la reliure.

3° *Bibliographie.*

A. Connaissance des livres.
    1. De la bibliographie proprement dite.
    2. Introduction à la science bibliographique; traités élémentaires de bibliographie.
    5. Traités particuliers sur la bibliographie; de la bibliomanie.
B. Bibliographies générales.
    1. Bibliographies générales alphabétiques.
    2.   »   »   systématiques.
    3.   »   »   des livres rares.
    4.   »   »   des livres anonymes et pseudonymes.
C. Bibliographies nationales.
    1. Bibliographies orientales.
    2.   »   grecques et romaines.
    3.   »   italiennes.
    4.   »   espagnoles et portugaises.
    5.   »   françaises.
    6.   »   allemandes.
    7.   »   belges et hollandaises.
    8.   »   danoises, suédoises, etc.
    9.   »   bohémiennes, hongroises, etc.
  10.   ›   suisses.
  11.   »   polonaises et russes.
  12.   »   anglaises.
  15.   »   américaines, etc.

D. Bibliographies professionales.
  1. Bibliographies encyclopédiques.
  2.   »   logographiques.
  3.   »   bibliologiques.
  4.   »   théologiques.
     a. Bibliographies théologiques générales.
     b.   »   »   spéciales.
  5. Bibliographies philosophiques.
     a. Bibliographies philosophiques générales.
     b.   »   »   spéciales.
  6. Bibliographies de jurisprudence.
     a. Bibliographies générales de jurisprudence.
     b.   »   spéciales   »   .
  7. Bibliographies des sciences mathématiques, physiques
     et naturelles.
     a. Bibliographies générales.
     b.   »   des sciences mathématiques.
     c.   »   des sciences physiques.
     d.   »   chimiques.
     e.   »   d'histoire naturelle.
       α. Bibliographies générales d'histoire naturelle.
       β.   »   minéralogiques.
       γ.   »   botaniques.
       δ.   »   zoologiques.
  8. Bibliographies des sciences médicales.
     a. Bibliographies générales médicales.
     b.   »   spéciales   »   .
  9. Bibliographies des arts et métiers.
     a. Bibliographies générales des arts et métiers.
     b.   »   des beaux-arts.
     c.   »   technologiques.
10. Bibliographies philologiques et des belles-lettres.
     a. Bibliographies générales.
     b.   »   philologiques.
     c.   »   des belles-lettres.
11. Bibliographies historiques et des sciences accessoires.
     a. Bibliographies historiques générales.
     b.   »   des sciences accessoires.
       α. Bibliographies géographiques.
       β.   »   des voyages.
       γ.   »   chronologiques.
       δ.   »   généalogiques.
       ε.   »   héraldiques, de la noblesse.
       ζ.   '   diplomatiques et sphragisti-
                                ques.

η. Bibliographies numismatiques.
θ.   »   épigraphiques.
ι   »   archéologiques   proprement
                 dites.
κ.   »   d'antiquités.
c. Bibliographies d'histoire universelle, ancienne et
                 moderne.
d.   »   »   ecclésiastique.
e.   »   »   ancienne.
f.   »   »   du moyen âge.
g.   »   »   moderne.
h.   »   historiques nationales.
α. Bibliographies historiques de l'Italie.
β.   »   »   de l'Espagne et du
                 Portugal.
γ.   »   »   de la France.
δ.   »   »   de l'Allemagne.
ε.   »   »   de la Belgique et de
                 la Hollande.
ζ.   »   »   de la Suede et de la
                 Norwège, etc.
η.   »   »   de la Hongrie et de
                 la Bohéme, etc.
θ.   »   »   de la Suisse.
ι.   »   »   de la Pologne et de
                 la Russie.
κ   »   »   de l'Angleterre.
λ.   »   »   de l'Asie.
μ.   »   »   de l'Afrique.
ν.   »   »   de l'Amérique.
12. Bibliographies d'histoire littéraire.
    a. Bibliographies générales d'histoire littéraire.
    b.   »   spéciales   ».
13. Bibliographies biographiques.
14.   »   des journaux critiques, littéraires et
                 politiques.

4° *Histoire des Bibliothèques.*

A. Des bibliothèques.
    1. Des bibliothèques en général.
    2. Traités généraux de la science du bibliothécaire.
    3. De l'arrangement, des ornements et de la conservation
       des bibliothèques.

B. Histoire des bibliothèques.
   1. Histoire générale des bibliothèques.
   2.   »   des bibliothèques anciennes.
   3.   »   »   modernes.
      a. Histoire des bibliothèques de l'Italie.
      b.   »   »   de l'Espagne et du Portugal.
      c.   »   »   de la France.
      d.   »   »   de l'Allemagne.
      e.   »   »   de la Belgique et de la Hollande.
      f.   »   »   de la Suède, de Danemark, etc.
      g.   »   »   de la Bohême et de la Hongrie, etc.
      h.   »   »   de la Suisse.
      i.   »   »   de la Pologne et de la Russie.
      j.   »   »   de l'Angleterre.
      k.   »   »   de l'Asie.
      l.   »   »   de l'Afrique.
      m.   »   »   de l'Amérique.

C. Catalogues des bibliothèques.
   1. Catalogues des bibliothèques publiques.
      a. Catalogues des bibliothèques de l'Italie.
      b.   »   »   de l'Espagne et du Portugal.
      c.   »   »   de la France.
      d.   »   »   de l'Allemagne.
      e.   »   »   de la Belgique et de la Hollande.
      f.   »   »   de la Suède, de Danemark, etc.
      g.   »   »   de la Hongrie, de Bohême, etc.
      h.   »   »   de la Suisse.
      i.   »   »   de la Pologne, et de la Russie.
      j.   »   »   de l'Angleterre.
      k.   »   »   de l'Afrique.
      l.   »   »   de l'Amérique.
   2. Catalogues des bibliothèques particulières. (A-Z.)

DEUXIÈME DIVISION.

Théologie.

I. INTRODUCTION.

II. ÉCRITURE SAINTE.

  A. Textes.
    1. Bibles.
      a. Bibles popyglottes.
      b.   »   hébraïques et grecques.
    2. Ancien testament.
    3. Livres séparés de l'ancien testament.
    4. Nouveau testament.
    5. Livres séparés du nouveau testament.
    6. Concordance de l'écriture sainte.
  B. Commentaires.
    1. Commentaires de la bible entière.
    2.   »   de l'ancien testament.
    3.   »   d'un livre quelconque de l'ancien tes-
          tament.
    4.   »   du nouveau testament.
    5.   »   d'une partie quelconque du nouveau
          testament.
  C. Traductions.
    1. Traductions de la bible entière.
      a. Traductions latines.
      b.   »   italiennes.
      c.   »   espagnoles et portugaises.
      d.   »   françaises.
      e.   »   allemandes.
      f.   »   flamandes et hollandaises.
      g.   »   suédoises, danoises, etc.
      h.   »   hongroises, bohémiennes, etc.
      i.   »   polonaises et russes.
      j.   »   anglaises.
      h.   »   asiatiques.

2. Traductions de l'ancien testament.
    a. Traductions latines.
    b.   »   italiennes.
    c.   »   espagnoles et portugaises.
    d.   »   françaises.
    e.   »   allemandes.
    f.   »   flamandes et hollandaises.
    g.   »   suédoises, danoises, etc.
    h.   »   bohémiennes, hongroises, etc.
    i.   »   polonaises et russes.
    j.   »   anglaises.
    k.   »   asiatiques.
3. Traductions du nouveau testament.
    a. Traductions latines.
    b.   »   italiennes.
    c.   »   espagnoles et portugaises.
    d.   »   françaises.
    e.   »   allemandes.
    f.   »   flamandes et hollandaises.
    g.   »   suédoises, danoises, etc.
    h.   »   bohémiennes, hongroises, etc.
    i.   »   russes et polonaises.
    j.   »   anglaises.
    k.   »   asiatiques.
4. Traductions de différentes parties de la bible.
D. Livres apocryphes.
    1. Traités généraux.
      a. Textes et traductions.
      b. Commentaires.
    2. Traités particuliers.
E. Histoire abrégée et figures de la bible.

III. CRITIQUE ET HERMÉNEUTIQUE SACRÉE.

A. Introduction.
B. Dictionnaires de l'écriture sainte.
C. Critique sacrée.
D. Herméneutique sacrée.
E. Dissertations relatives à différentes choses mentionnées dans l'écriture sainte.

IV. LITURGIE.

A. Traités sur les offices divins, les rites et cérémonies de l'église.

7. **SS.** Pères grecs du 7e siècle après Jésus-Christ.
8.   »   du 8e   »   »
9.   »   du 9e   »   »
10.   »   du 10e »   »
11.   »   du 11e »   »
12.   »   du 12e »   »
13.   »   du 13e »   »
14.   »   du 14e »   »

D. SS. Pères latins et autres écrivains ecclésiastiques.
1. **SS.** Pères latins du 3e siècle après Jésus-Christ.
2.   »   du 4e   »   »
3.   »   du 5e   »   »
4.   »   du 6e   »   »
5.   »   du 7e   »   »
6.   »   du 8e   »   »
7.   »   du 9e   »   »
8.   »   du 10e »   »
9.   »   du 11e »   »
10.   »   du 12e »   »

E. SS. Pères arméniens.

VII. THÉOLOGIE SPÉCULATIVE (proprement dite).

A. Théologie scolastique et dogmatique.
1. Introduction et dictionnaires.
2. Ouvrages de théologie scolastique.
3. Systèmes et abrégés de théologie dogmatique.
4. Traités particuliers.
    a. Traités de Dieu et de ses attributs ; des personnes divines ; du culte suprême ; de l'idolatrie ; des superstitions, etc., etc.
    b. Traités des créatures, de l'homme et du libre arbitre, de la grâce et de la prédestination ; disputes jansénistiques.
    c. Traités théologiques touchant la sainte Vierge, les saints et leur culte.
    d. Traités sur les sacrements.
    e.   » de l'église, du Pape, des personnes ecclésiastiques, des indulgences, etc.
    f. Traités des quatre dernières fins de l'homme ; de l'antechrist et de la résurrection des morts.
5. Théologie dogmatique des églises réformées.

B. Théologie morale.
1. Traités généraux.
2.   »   particuliers.

a. Traités moraux sur les vertus et les vices.
b.   »   sur les divertissements permis ou défen-
        dus aux chrétiens, etc.
c.   »   sur les actions humaines.
d.   »   sur l'usure.
e.   »   sur les sacrements et ce qui y a rapport.
f. Instructions pour les confesseurs et pénitents, etc.
g. Cas de conscience, cas réservés, etc.
h. Disputes et conférences sur différents points de
    théologie morale.

C. Théologie cathéchétique.
D.   »   parénétique ou sermens.
  1. Introduction.
  2. Sermonaires catholiques latins.
  3.   »   »   français.
  4.   »   allemands.
  5.   »   flamands et hollandais.
  6.   »   »   anglais, etc.
  7.   »   dissidents.

E. Théologie ascétique.
  1. Imitation de Jésus-Christ.
  2. Mystiques latins.
  3.   »   italiens.
  4.   »   Espagnols.
  5.   »   français.
  6.   »   allemands.
  7.   »   flamands et hollandais.
  8. Règles et devoirs particuliers dans les différents états
    de la vie.

F. Théologie polémique.
  1. Traités sur la vérité de la religion chrétienne.
  2. Ouvrages en faveur de la religion chrétienne.
  3.   »   »   de la réunion et de la tolérance.
  4. Traités divers ayant rapport à quelque partie de la
    théologie polémique.

G. Théologie hétérodoxe.
  1. Théologiens et autres écrivains séparés de l'église
    catholique.
    a. Avant Luther.
    b. Luthériens.
    c. Sacramentaires; Zuingliens; Calvinistes; Angli-
      cans, etc.
    d. Antitrinitaires, Sociniens, Quakers.
  2. Écrits contre l'église romaine, ses dogmes, ses cérémo-
    nies et particulièrement contre le sacrifice de la messe.

3. Écrits contre le pape et les personnes ecclésiastiques.
4. Opinions singulières, illuminés et autres fanatiques.
5. Religion des Juifs et des Gentils.
6. Religion des Chinois, des Indiens, des Mahométans, des Sabéens, etc.
7. Déistes, incrédules et athées.

VIII. MÉLANGES DE THÉOLOGIE.

TROISIÈME DIVISION.

Philosophie et Pédagogie.

I. PROLÉGOMÈNES.

    A. Traités préparatoires à l'étude de la philosophie.
    B. Dictionnaires philosophiques.

II. HISTOIRE DE LA PHILOSOPHIE.

    A. Traités généraux d'histoire de la philosophie.
    B.   »   particuliers.   »   »

III. TRAITÉS DE PHILOSOPHIE.

    A. Traités généraux et élémentaires de philosophie ;
        cours de philosophie.
    B. Traités particuliers.
        1. Logique.
            a. Traités généraux.
            b.   »   particuliers.
        2. Métaphysique.
            a. Traités généraux.
            b.   »   particuliers.
            c.   »   sur Dieu, sur l'homme, sur l'âme,
                     ses facultés et ses sensations, etc.
            d. Philosophie occulte.
               α. Cabale et magie.
               β. Apparitions des esprits, démons, sorciers, etc.
               γ. Divination par les songes.
               δ. Physiognomie, chiromancie, métoscopie, etc.
               ε. Alchimie.
               ζ. Astrologie et prédictions astrologiques.
        3. Morale.
            a. Traités généraux.

  b. Traités particuliers.
 4. Aesthétique.
  a. Traités généraux.
  b.   »   particuliers.
C. Mélanges de philosophie.

IV. OEUVRES COMPLÈTES DES PHILOSOPHES.

A. Philosophes grecs (*voyez la* 8° *divis.* V. I.).
B.   »   latins anciens (*voyez la* 8° *divis.* VII. I.).
C.   »   » modernes.
D.   » italiens.
E.   » espagnols et portugais.
F.   » français.
G.   » allemands.
H.   » belges et hollandais.
I.   » suédois, danois, etc.
J.   » bohémiens et hongrois.
K.   » suisses.
L.   » russes et polonais.
M.   » anglais.

V. PÉDAGOGIE.

A. Des études en général.
B. Du choix d'un précepteur, d'un maître d'études, d'un professeur, etc.
C. Méthodes d'enseignement; manuels des instituteurs, précepteurs, professeurs, etc.; cours d'études.
D. Traités généraux sur l'enseignement.
E. De l'enseignement primaire.
 1. Traités généraux.
 2. » particuliers.
F. De l'enseignement secondaire.
G.   »   supérieur.
 1. Traités généraux.
 2. » particuliers.
H. Mélanges de pédagogie.

QUATRIÈME DIVISION.

Jurisprudence.

I. PROLÉGOMÈNES.

  A. Introduction à l'étude du droit.
  B. Histoire du droit.
  C. Philosophie du droit.
  D. Encyclopédie et méthodologie du droit.

II. DROIT NATUREL ET POLITIQUE.

  A. Droit naturel.
    1. Préliminaires.
    2. Traités généraux.
    3.   »   particuliers.
    4. Mélanges.
    5. OEuvres complètes.
  B. Politique.
    1. Préliminaires.
    2. Traités généraux.
    3.   »   particuliers.
    4. Mélanges.
    5. OEuvres complètes.

III. DROIT ROMAIN.

  A. Introduction et histoire du droit romain.
  B. Dictionnaires pour l'intelligence du droit romain.
  C. Sources du droit romain.
    1. Droit romain avant Justinien.
    2. Législation de Justinien.
        a. Introduction au corps de Justinien et de ses par-
            ties séparées.
        b. Éditions du corps de droit : textes et traductions.

      c. Institutes.
      d. Digestes ou pandectes.
      e. Code et novelles.
      f. Abréviations de Justinien.
D. Commentateurs du corps de Justinien, etc.
    1. Sur le corps de droit.
    2. Sur les Instilutes.
    3. Sur les pandectes.
    4. Sur le code et les novelles.
E. Ouvrages systématiques du droit romain.
    1. Traités élémentaires ou des Institutes.
    2.   »   approfondis ou des pandectes.
    3.   »   particuliers et mélanges.
F. Droit romain après Justinien.
G. Auteurs qui ont écrit pour l'intelligence du droit romain
    et collection d'œuvres de jurisconsultes.
H. Droit romain conféré avec le droit moderne.

IV. DROIT ORIGINAIREMENT GERMANIQUE.

A. Ancienne législation.
    1. Préliminaires.
    2. Sources.
    3. Commentaires sur les sources.
    4. Traités.
B. Législation récente.
    1. Droit de l'Allemagne.
        a. Préliminaires.
        b. Sources.
            α. Coutumes.
            β. Actes, ordonnances, édits, placards, etc.
        c. Commentaires.
        d. Traités généraux.
        e.   »   particuliers.
        f. Mélanges.
    2. Droit français.
        a. Préliminaires.
        b. Sources.
            α. Coutumes.
            β. Actes, ordonnances, édits, placards. etc.
        c. Commentaires.
        d. Traités généraux.
        e.   »   particuliers.
        f. Mélanges.
    3. Législation du royaume des Pays-Bas.

  a. Préliminaires.
  b. Sources.
   α. Coutumes.
   β. Actes, ordonnances, édits, placards, etc.
   γ. Commentaires.
   δ. Traités généraux.
   ι. Traités particuliers.
 4. Droit féodal.
 6. Législation de diverses autres nations.
C. Mélanges, œuvres, etc.

V. DROIT CIVIL MODERNE.

A. Préliminaires.
B. Histoire.
C Droit intermédiaire (pendant la révolution).
 1. Législation française.
  a. Sources.
  b. Commentaires.
 2. Législation de la Hollande.
  a. Sources.
  b. Commentaires.
 3. Législation du code Napoléon.
  a. Préliminaires.
  b. Sources.
  c. Traités généraux.
  d. » particuliers.
 4. Législation belge.
  a. Préliminaires.
  b. Sources.
  c. Traités généraux.
  d. » particuliers.
 5. Législation de diverses autres nations.
 6. Mélanges.

VI. DROIT COMMERCIAL.

A. Préliminaires et histoire.
B. Sources.
C. Droit commercial ancien des différentes nations.
D. Droit commercial allemand nouveau.
 1. Sources.
 2. Commentaires.
E. Droit commercial français nouveau.
 1. Sources.

    2. Commentaires.
F. Droit commercial belge et hollandais nouveau.
    1. Sources.
    2. Commentaires.
G. Droit commercial anglais, américain, etc.
H.   »   »   commun des nations étrangères.
I. Traités généraux.
J.   »   particuliers.

VII. PROCÉDURE CIVILE.

A. Préliminaires.
B. Droit ancien.
    1. Sources.
    2. Traités généraux.
    5.   »   particuliers.
C. Droit moderne.
    1. Sources.
    2. Traités généraux.
    5.   »   particuliers.
D. Mélanges.
E. Consultations et décisions.
F. Plaidoyers et causes célèbres.
    1. De la France.
    2. De la Belgique et de la Hollande.
    5. De l'Allemagne et des autres nations étrangères.

VIII. DROIT CRIMINEL.

A. Préliminaires.
B. Histoire du droit criminel.
C. Droit criminel ancien (romain).
    1. Droit criminel ancien de l'Allemagne.
       a. Sources.
       b. Commentaires.
    2. Droit criminel ancien de la France.
       a. Sources.
       b. Commentaires.
    5. Droit criminel ancien des Pays-Bas.
       a. Sources.
       b. Commentaires.
    4. Droit criminel ancien de différentes autres nations.
D. Droit criminel moderne.
    1. Législation française.
       a. Sources.

  b. Traités généraux.
  c.   »   particuliers.
  d. Mélanges.
 2. Législation belge.
  a. Sources.
  b. Traités généraux.
  c. Traités particuliers.
  d. Mélanges.
 3. Législation étrangère.

IX. OUVRAGES SUR TOUTES LES PARTIES DU DROIT.

 A. Préliminaires.
 B. Sources.
 C. Commentaires.
 D. Mélanges.

X. DROIT CANONIQUE ET ECCLÉSIASTIQUE.

 A. Préliminaires et dictionnaires.
 B. Histoire politique de l'église.
 C. Sources.
  1. Conciles.
  2. Lettres des Papes, décrétales, bulles, etc.
  3. Anciennes collections du droit canonique.
  4. Corps de droit canonique.
   a. Éditions complètes.
   b. Traités particuliers.
  5. Abréviations du corps de droit canonique.
  6. Concordats.
 D. Commentaires sur le corps de droit canonique.
  1. Traités généraux.
  2.   »   particuliers.
 E. Traités sur le droit ecclésiastique général.
  1. Traités concernant les deux églises.
  2. Eglise catholique.
   a. Traités généraux.
   b.   »   particuliers.
   c. Mélanges.
  3. Église protestante.
   a. Traités généraux.
   b.   »   particuliers.
   c. Mélanges.
 F. Jurisdiction et procédures ecclésiastiques.
  1. Traités généraux.

2. Traités particuliers.
3. Mélanges.
4. Mémoires et décisions.
G. Constitutions, règles des corporations religieuses.
H. Rapports entre l'église et le gouvernement séculier.
I. Droit ecclésiastique de divers états.
    1. Des Pays-Bas.
    2. De la France.
    3. De l'Allemagne.
    4. De différents autres pays.
J. OEuvres complètes.

XI. NOTARIAT, DROIT ADMINISTRATIF, LOIS FINANCIÈRES ET DE POLICE, ETC.

A. Notariat.
    1. Sources, dictionnaires, etc.
    2. Traités généraux.
    3.   »   particuliers.
B. Droit administratif.
    1. Sources, dictionnaires, etc.
    2. Traités généraux, recueils de lois, mémoriaux, etc.
    3. Traités particuliers.
C. Lois financières.
    1. Sources, dictionnaires, etc.
    2. Traités généraux, des finances en général.
    3.   »   particuliers.
D. Police, sûreté publique.
    1. Sources, dictionnaires, etc.
    2. Traités généraux.
    3.   »   particuliers.
E. Droit militaire.
    1. Sources, dictionnaires, etc.
    2. Traités généraux.
    3.   »   particuliers.

XII. DROIT PUBLIC INTERNE.

A. Préliminaires.
B. Histoire du droit public.
C. Traités généraux (théoret.).
D.   »   particuliers.
E. Mélanges.
F. Droit public interne positif.

1. Introduction et collections de sources.
2. Traités généraux.
3.   »   particuliers.
    a. Sur le droit constitutionnel en général, collection de chartes, etc.
    b. Des différents systèmes de gouvernement, de la société politique, etc.
    c. Traités sur l'art de gouverner.
    d. Traités particuliers sur les droits respectifs du peuple et du prince.
    e. Traités particuliers relatifs aux ambassadeurs, aux ministres, etc.
4. Mélanges.

XIII. DROIT DES GENS ET HISTOIRE POLITIQUE.

A. Préliminaires.
B. Droit des gens philosophique.
C. Sources.
a. Histoire politique depuis le XVe siècle.
   1. Traités généraux.
   2.   »   particuliers.
   3. Mélanges.
E. Droit des gens positif, ou traités entre les différents souverains, etc.
   1. Traités généraux.
   2.   »   particuliers.
   3. Mélanges.

XIV. STATISTIQUE.

A. Préliminaires philosophiques.
B. Histoire de la statistique.
C. Statistique générale.
   1. Traités généraux.
   2.   »   particuliers.
    a. Administration.
    b. Population.
    c. Police.
    d. Colonies.
    e. Cadastre.
D. Statistique spéciale.
   1. De la Belgique et de la Hollande.
   2. De la France.
   3. De l'Angleterre.

CINQUIÈME DIVISION.

Sciences mathématiques, physiques et naturelles.

I. MATHÉMATIQUES ET SCIENCES QUI EN DÉPENDENT.

- **A.** Introduction aux sciences mathématiques.
- **B.** Histoire des mathématiques.
- **C.** Dictionnaires des sciences mathématiques.
- **D.** Mathématiciens anciens et modernes; œuvres complètes.
- **E.** Cours de mathématiques; traités généraux de mathématiques.
- **F.** Mathématiques pures.
    1. Arithmétique universelle.
        - *a.* Arithmétique.
            - α. Traités généraux.
            - β.　　" particuliers.
        - *b.* Algèbre et analyse des quantités finies.
        - *c.* Calcul différentiel et intégral.
    2. Géométrie élémentaire.
        - *a.* Géométrie.
            - α. Traités généraux.
            - β.　　" particuliers.
        - *b.* Trigonométrie.
        - *c.* Théorie des courbes, géométrie analytique.
        - *d.* Géométrie descriptive.
        - *e.* Mélanges de géométrie.
    3. Tables de logarithmes.
    4. Mélanges de mathématiques pures.
- **G.** Mathématiques appliquées.
    1. Sciences physico-mathématiques.
        - *a.* Mécanique.

           α. Traités généraux.
           β. Mécanique des solides; statique et dynamique.
           γ. Hydrostatique et hydrodynamique.
       b. Astronomie.
           α. Histoire de l'astronomie.
           β. Traités généraux d'astronomie.
           γ.   »   particuliers.
           δ. Observations et tables astronomiques.
           ε. Mélanges astronomiques.
       c. Optique, dioptrique et catoptrique.
    2. Sciences technico-mathématiques.
       a. Géométrie pratique.
           α. Traités généraux.
           β.   »   particuliers.
           γ. Géographie mathématique; géodésie.
           δ Génie civil, ponts et chaussées. (*Voyez
               VI° Div. Economie politique, routes*, etc.
           ε. Traités sur le calendrier; gnomique et hor-
               logerie.
       b. Mécanique pratique.
           α. Traités généraux.
           β.   »   particuliers.
       c. Hydraulique.
           α. Traités généraux.
           β.   »   particuliers.
       d. Mélanges technico-mathématiques.
    3. Sciences militaires.
       a. Préliminaires.
       b. Histoire.
       c. Traités généraux sur l'art militaire.
       d.   »   particuliers.
           α. Infanterie.
           β. Cavalerie.
           γ. Artillerie.
           δ. Génie militaire.
           ε. Marine (*Voy. IVe Divis. Économie poli-
               tique : Navigation.*)
 II. Descriptions des instruments mathématiques, astronomi-
     ques, etc.; expériences.

II. PHYSIQUE.

 A. Préliminaires.
 B. Histoire de la physique.
 C. Dictionnaires de physique.

D. Cours et traités généraux de physique.
E. Traités particuliers.
    1. Pneumatique.
    2. Du calorique.
    3. Théorie de la lumière.
    4. Acoustique.
    5. Électricité, galvanisme et magnétisme.
    6. Météorologie.
        a. Traités généraux.
        b.   »   particuliers.
    7. Pesanteur des corps.
F. Mélanges de physique.
G. Descriptions des instruments de physique et expériences
    physiques.

III. CHIMIE.

A. Préliminaires.
B. Histoire de la chimie.
C. Dictionnaires de chimie.
D. Chimie générale.
    1. Traités généraux.
    2. Chimie inorganique.
    3.   »   organique ou chimie végétale.
    4. Traités particuliers.
E. Analyse chimique.
    1. Traités généraux.
    2.   »   particuliers.
        a. Analyse chimique du règne minéral.
        b.   »   »   »   végétal.
        c.   »   »   »   animal.
F. Chimie appliquée aux arts, à l'agriculture, etc.
G. Mélanges de chimie et de physique.
H. Descriptions des instruments de chimie, et expériences
    chimiques.

IV. HISTOIRE NATURELLE.

    1° *Histoire naturelle générale.*

A. Introduction.
B. Dictionnaires d'histoire naturelle.
C. Traités généraux et élémentaires; cours d'histoire natu-
    relle.
D. Histoire naturelle de différents pays.

    1. Histoire naturelle de l'Europe.
       a. Traités généraux.
       b. Histoire naturelle de l'Italie.
       c.   »   »   de l'Espagne et du Portugal.
       d.   »   »   de la France.
       e.   »   »   de l'Allemagne.
       f.   »   »   de la Belgique et de la Hollande.
       g.   »   »   de Suède, de Danemark, etc.
       h.   »   »   de Bohême, de la Hongrie, etc.
       i.   »   »   de la Suisse.
       j.   »   »   de la Pologne et de la Russie.
       k.   »   »   de l'Angleterre.
   2. Histoire naturelle de l'Asie.
   3.   »   »   de l'Afrique.
   4.   »   »   de l'Amérique.
   5.   »   »   de l'Austrasie.
E. Mélanges d'histoire naturelle.
F. Cabinets et collections d'histoire naturelle.

2° *Minéralogie.*

A. Introduction.
B. Histoire de la minéralogie.
C. Dictionnaires de minéralogie.
D. Oryctognosie, ou description des espèces minérales.
   1. Traités généraux.
   2.   »   particuliers.
   3. Minéralogie des différents pays.
   4. Des eaux minérales.
   5. Oryctographie (fossiles, pétrifications).
       a. Traités généraux.
       b. Animaux fossiles.
       c. Plantes fossiles.
E. Géologie.
   1. Géographie physique.
   2. Géognosie, ou géologie proprement dite.
       a. Traités généraux.
       b.   »   particuliers.
   3. Géogénie.
F. Des mines.
   1. Docimasie.
   2. Métallurgie.
G. Mélanges de minéralogie.
H. Catalogues des collections de minéraux.

3° *Botanique.*

A. Introduction à la botanique.
B. Histoire des botanique.
C. Dictionnaires de botanique.
D. Phytographie.
    1. Glossologie, ou science de la langue botanique.
    2. Taxonomie, ou systèmes de classification.
    3. Phytographie proprement dite, ou description des plantes.
        a. Phytographie universelle.
        b. Monographies.
        c. Flores, ou traités des plantes d'un pays, d'une province.
            α. Flores générales de l'Europe.
            β. » de l'Italie.
            γ. » de l'Espagne et du Portugal.
            δ. » de la France.
            ε. » de l'Allemagne.
            ζ. » de la Belgique et de la Hollande.
            η. » de la Suède, de Danemark, etc.
            θ » de Bohême, de la Hongrie, etc.
            ι. » de la Suisse.
            κ. » de la Pologne et de la Russie.
            λ. » de l'Angleterre.
            μ. » de l'Asie.
            ν. » de l'Afrique.
            ξ. » de l'Amérique.
            ο. » de l'Austrasie.
        d. Jardins botaniques.
        e. Mélanges descriptifs.
E. Anatomie et physiologie des plantes.
    1. Organographie, ou anatomie végétale.
    2. Biologie.
    3. Physiologie végétale.
    4. Pathologie végétale.
F. Géographie des plantes.
G. Botanique appliquée.
    1. Botanique horticole.
    2. » agricole et économique.
    3. » forestière.
    4. » médicale.
        a. Introduction.
        b. Botanique médicale proprement dite.

    c. Toxicologie végétale.
    d. Botanique diététique.
H. Mélanges de botanique.
I. Catalogues de plantes des jardins publics et particuliers.
    1. Catalogues de plantes des jardins de l'Italie.
    2.   »   »   » de l'Espagne et du Portugal.
    3.   »   »   » de la France.
    4.   »   »   » de l'Allemagne.
    5.   »   »   » de la Belgique et de la Hollande.
    6.   ›   »   » de la Suède, de Danemark, etc.
    7.   ›   ›   » de Bohème, de la Hongrie.
    8.   »   »   » de la Suisse.
    9.   »   »   » de la Pologne et de la Russie.
    10.   »   »   » de l'Angleterre.
J. Herbiers.

4° *Zoologie.*

A. Préliminaires.
B. Histoire de la zoologie.
C. Dictionnaires de zoologie.
D. Traités généraux de zoologie.
E.   » particuliers.
    1. Mammifères.
        a. Traités généraux.
        b.   » particuliers.
    2. Oiseaux.
        a. Traités généraux.
        b.   » particuliers.
    3. Reptiles.
        a. Traités généraux.
        b.   » particuliers.
    4. Poissons.
        a. Traités généraux.
        b.   » particuliers.
    5. Insectes.
        a. Traités généraux.
        b.   » particuliers.
          α. Aptères.
          β. Diptères.
          γ. Lépidoptères.

     δ. Héminoptères.
     ε. Hyménoptères.
     ζ. Névroptères.
     η. Orthoptères.
     ξ. Coléoptères.
6. Crustacées.
    a. Traités généraux.
    b.   »   particuliers.
7. Vers aux annélides.
    a. Traités généraux.
    b.   »   particuliers.
8. Mollusques.
    a. Traités généraux.
    b.   »   particuliers.
9. Zoophytes.
    a. Traités généraux.
    b.   »   particuliers.

F. Faunes ou hist. natur. des animaux d'un pays.
    1. Histoire naturelle des animaux de l'Europe.
    2.   »   »   »   de l'Asie.
    3.   »   »   »   de l'Afrique.
    4.   »   »   »   de l'Amérique.
    5.   »   »   »   de l'Austrasie.
G. Écarts de la nature, monstres, prodiges, etc.
H. Zootomie, ou anatomie comparée.
    1. Traités généraux.
    2.   »   particuliers.
I. Mélanges de zoologie.
J. Cabinets et catalogues des collections de zoologie.

SIXIÈME DIVISION.

Sciences médicales.

VIII. PHYSIOLOGIE.

    A. Préliminaires.
    B. Traités élémentaires et généraux.
    C.   »   particuliers.
    D. Mélanges.
    E. Mélanges d'anatomie et de physiologie.
    F. Histoire anatomique et physiologique du fœtus.

IX. ANTHROPOLOGIE.

X. HYGIÈNE.

    A. Traités généraux.
    B.   »   particuliers.
    C. Mélanges.
    D. Diététique.

XI. PATHOLOGIE ET THÉRAPEUTIQUE.

    A. Préliminaires.
    B. Pathologie générale.
       1. Traités généraux.
       2.   »   particuliers.
          a. Etiologie.
          b. Seméiotique.
          c. Diagnostic.
          d. Prognostic.
          e. Cours, durée et terminaison des maladies.
    C. Thérapeutique générale.
       1. Traités généraux.
       2.   »   particuliers.
    D. Pathologie et thérapeutique spéciale interne.
       1. Nosographie.
       2. Traités généraux.
       5.   »   particuliers.
          a. Fièvres.
          b. Phlegmasies.
          c. Hémorrhagies.
          d. Névroses.
          e. Lésions organiques.
          f. Maladies de la peau.
          g. Maladies des femmes.
          h.   »   des enfans.
          i.   »   des vieillards.

    4. Clinique.
    5. Mélanges de pathologie et de thérapeutique interne.
    6. Mélanges anatom. physiol. patholog. et thérapeutiques.
  E. Pathologie et thérapeutique spéciale interne.
    1. Préliminaires.
    2. Nosographie.
    3. Traités généraux.
    4.   »   particuliers.
      a. Inflammation.
      b. Abcès.
      c. Gangrène.
      d. Brulûre.
      e. Plaies.
      f. Tumeurs.
      g. Ulcères.
      h. Fistules.
      i. Maladies du système vasculaire rouge.
      j.   »   osseuses et ligamenteuses.
      k.   »   de la tête.
      l.   »   du col.
      m.   »   de la poitrine.
      n.   »   du ventre.
      o.   »   des extrémités.
    5. Clinique.
    6. Mélanges de pathologie et de thérapeutique externe.

XII. PHARMACIE ET PHARMACOPÉE.

  A. Traités généraux.
  B.   »   particuliers.

XIII. MATIÈRE MÉDICALE.

  A. Traités généraux.
  B.   »   particuliers.
  C. Mélanges de médecine.

XIV. MÉDECINE LÉGALE.

  A. Traités généraux.
  B.   »   particuliers.
  C. Mélanges.
  D. Police médicale.

XV. CHIRURGIE.

    A. Traités généraux élémentaires.
    B.   »   »   des opérations chirurgicales.
    C.   »   particuliers de plusieurs maladies et opérations
               chirurgicales.
    D.   »   des accouchements.
       1. Traités généraux.
       2.   »   particuliers.
    E. Mélanges de chirurgie.

XVI. MÉDECINE VÉTÉRINAIRE.

    A. Traités généraux.
    B.   »   particuliers.
    C. Mélanges.

XVII. MÉLANGES sur toutes les parties des sciences médicales.

SEPTIÈME DIVISION.

Arts et Métiers.

I. PRÉLIMINAIRES.

II. HISTOIRE.

III. DICTIONNAIRES.

IV. TRAITÉS GÉNÉRAUX.

V. BEAUX-ARTS.

    A. Préliminaires.
    B. Histoire.
    C. Traités généraux et dictionnaires.
    D.   »   particuliers relatifs à quelques parties de la théorie des beaux-arts (*Voy.* 3ᵉ *Divis.* III. B. 4 : *Esthétique*).
    E. Iconographie; monogrammes.
    F. Dessin, perspective et lithographie.
    G. Peinture.
        1. Histoire de la peinture.
        2. Traités élémentaires et généraux.
        3.   »   particuliers sur différents genres de peinture.
        4. Recueils d'estampes.
        5. Galeries, cabinets et catalogues de tableaux.
            a. De l'Italie.
            b. De l'Espagne et du Portugal.
            c. De la France.
            d. De l'Allemagne.
            e. De la Belgique.
            f. De la Hollande.
            g. De la Suède, Norwège, etc.
            h. De la Hongrie, de Bohème, etc.
            i. De la Suisse.

    j. De la Russie et de la Pologne.
    k. De l'Angleterre.
  6. Galeries, cabinets et catalogues particuliers de ta-
    bleaux. (A-Z.)

H. Gravure.
  1. Histoire de la gravure.
  2. Traités généraux.
  5.   »   particuliers.
  4. Catalogues de gravures.
  5. Recueils de gravures.
  6.   »   de costumes.

I. Sculpture.

J. Architecture et arts qui en dépendent.
  1. Traités généraux.
  2.   »   particuliers sur différentes parties de l'archi-
    tecture civile.
  3. Recueils de descriptions des édifices anciens et mo-
    dernes, etc.
  4. Art du charpentier, du ménuisier et du serrurier.

K. Musique.
  1. Histoire de la musique.
  2. Auteurs anciens qui ont écrit sur l'art de la musique.
  3. Traités généraux et particuliers sur la théorie de la
    musique, la composition et le chant.
  4. Musique instrumentale.

L. Exercices gymnastiques.
  1. Traités généraux.
  2.   »   particuliers.
    a. Escrime.
    b. Équitation.
    c. Natation.
    d. Danse.
    e. Chasse.
    f. Pêche.

M. Jeux de société, de hazard et de calcul.

VI. TECHNOLOGIE.

A. Préliminaires.
B. Traités généraux.
C.   »   particuliers relatifs à divers métiers. (par ordre
  alphabétique des métiers.)

HUITIÈME DIVISION.

Philologie et belles-lettres.

I. INTRODUCTION.

   A. Philologie.
1. Introduction à l'étude de la philologie.
2. Traités généraux de philologie.
3. Traités sur l'origine et la formation des langues.
   - *a.* Traités généraux.
   - *b.* Origine et formation des langues orientales.
   - *c.*   »   »   de la langue grecque.
   - *d.*   »   »   »   latine.
   - *e.*   »   »   »   celtique.
   - *f.*   »   »   »   italienne.
   - *g.*   »   »   »   espagnole et portugaise.
   - *h.*   »   »   »   française.
   - *i.*   »   »   »   allemande.
   - *j.*   »   »   »   flam. et hollandaise.
   - *k.*   »   »   »   suédoise, danoise, etc.
   - *l.*   »   »   »   hongroise, bohémimienne.
   - *m.*   »   »   »   russo et polonaise.
   - *n.*   »   »   »   anglaise.
4. Traités comparatifs des langues.
5.   »   sur la grammaire en général.
6. Dictionnaires pour l'intelligence des auteurs classiques.

   B. Belles-lettres.

1. Traités sur la poësie.
    a. Traités généraux.
    b.   »   particuliers.
2. Introduction à la poësie dramatique.
    a. Traités généraux.
    b.   »   particuliers.
3. De la rhétorique ou de l'art oratoire.
    a. Traités généraux.
    b.   »   particuliers.
4. Histoire des romans.
    a. Traités généraux.
    b.   »   particuliers.

II. GRAMMAIRES.

A. Grammaires orientales.
    1. Grammaires arabes.
    2.   »   syriaques et chaldéennes.
    3.   »   hébraïques.
    4.   »   phéniciennes, éthiopiennes et égyptien-
              nes ou coptes.
    5.   »   persannes, arméniennes, turques, ma-
              laises, sanscrites, siniques, etc.
    6.   »   tartares-mantchou, chinoises, etc., etc.
B. Grammaires grecques.
    1. Traités généraux.
    2.   »   particuliers.
    3. Exercices de grammaire grecque.
    4. Traités généraux et particuliers de la grammaire
        grecque moderne.
C. Grammaires latines.
    1. Traités généraux.
    2.   »   particuliers.
    3. Exercices de grammaire latine.
D. Grammaires italiennes.
    1. Traités généraux.
    2.   »   particuliers.
    3. Exercices de grammaire italienne.
E. Grammaires espagnoles et portugaises.
    1. Traités généraux.
    2.   »   particuliers.
    3. Exercices de grammaire espagnole et portugaise.
F. Grammaires françaises.
    1. Traités généraux.
    2.   »   particuliers.

3. Exercices de grammaire française.
G. Grammaires allemandes.
  1. Traités généraux.
  2.   »   particuliers.
  3. Exercices de grammaire allemande.
H. Grammaires flamandes et hollandaises.
  1. Traités généraux.
  2.   »   particuliers.
  3. Exercices de grammaire flamande et hollandaise.
I. Grammaires suédoises, danoises, etc.
  1. Traités généraux.
  2.   »   particuliers.
  3. Exercices de grammaire suédoise, danoise, etc.
J. Grammaires hongroises, bohémiennes, etc.
  1. Traités généraux.
  2.   »   particuliers.
  3. Exercices de grammaire hongroise, etc., etc.
K. Grammaires russes et polonaises.
  1. Traités généraux.
  2.   »   particuliers.
  3. Exercices de grammaire russe et polonaise.
L. Grammaires anglaises, irlandaises, etc.
  1. Traités généraux.
  2.   »   particuliers.
  3. Exercices de grammaire anglaise.
M. Grammaires polyglottes.

III. DICTIONNAIRES.

A. Dictionnaires orientaux.
  1. Dictionnaires arabes.
  2.   »   syriaques et chaldéens.
  3.   »   hébraïques.
  4.   »   phéniciens, éthiopiens et égyptiens ou coptes.
  5. Dictionnaires persans, arméniens, turcs, malais, siniques, sanscrits, etc.
  6.   »   tartares-mantchou, chinois, etc.
B. Dictionnaires grecs.
  1. Dictionnaires de la langue grecque ancienne.
  2. Etymologie.
  2. Synonymie.
  4. Dictionnaires de la langue grecque moderne.
C. Dictionnaires latins.
  1. Dictionnaires.

2. Etymologie.
3. Synonymie.
D. Dictionnaires celtiques.
E. Dictionnaires italiens.
   1. Dictionnaires.
   2. Etymologie.
   3. Synonymie.
F. Dictionnaires espagnols et portugais.
   1. Dictionnaires.
   2. Etymologie.
   3. Synonymie.
G. Dictionnaires français.
   1. Dictionnaires.
   2. Etymologie.
   3. Synonymie.
H. Dictionnaires allemands.
   1. Dictionnaires.
   2. Etymologie.
   3. Synonymie.
I. Dictionnaires hollandais et flamands.
   1. Dictionnaires.
   2. Etymologie.
   3. Synonymie.
J. Dictionnaires suédois, danois, etc.
K. Dictionnaires bohèmes, hongrois, etc.
L.   »   russes et polonais.
M.   »   anglais, irlandais, anglo-saxons, etc.
N.   »   polyglottes.

IV. AUTEURS CLASSIQUES ORIENTAUX.

A. Collections et extraits d'auteurs orientaux ; mélanges et recueils de pièces.
   1. Textes et traductions des collections d'auteurs orientaux.
   2. Observations et commentaires sur les auteurs orient.
B. Auteurs orientaux séparés.

V. AUTEURS CLASSIQUES GRECS ANCIENS.

A. Collections et extraits d'auteurs grecs ; mélanges et recueils de pièces : textes et traductions.
B. Observations et commentaires sur les auteurs grecs.
C. Poetes grecs.
   1. Collections et extraits : textes et traductions.

6

    2. Observations et commentaires.
    3. Poetes buc. épic. lyriques séparés (1).
    4. Poetes dramatiques.
        a. Collections et extraits : textes et traductions.
        b. Observations et commentaires sur les poètes dramatiques grecs.
        c. Poetes dramatiques séparés.
D. Romanciers, fabulistes et apologistes grecs.
    1. Collections et extraits : textes et traductions.
    2. Observations et commentaires.
    3. Romanciers, fabulistes et apologistes séparés.
E. Mythographes grecs.
    1. Collections et extraits : textes et traductions.
    2. Observations et commentaires.
    3. Mythographes séparés.
F. Rhéteurs grecs.
    1. Collections et extraits : textes et traductions.
    2. Observations et commentaires.
    3. Rhéteurs séparés.
G. Orateurs grecs.
    1. Collections et extraits : textes et traductions.
    2. Observations et commentaires.
    3. Orateurs séparés.
H. Épistolaires et sophistes grecs.
    1. Collections et extraits : textes et traductions.
    2. Observations et commentaires.
    3. Epistolaires et sophistes séparés.
I. Philosophes grecs.
    1. Collections et extraits : textes et traductions.
    2. Observations et commentaires.
    3. Philosophes séparés.
J. Historiens et géographes grecs.
    1. Collections et extraits : textes et traductions.
    2. Observations et commentaires.
    3. Historiens et géographes séparés.
K. Satyres et invectives.
L. Gnomiques, sentences, apophthegmes, adages, proverbes.
M. Bons-mots, ana, esprits, pensées, etc.
N. Symboles, emblèmes et devises.
O. Polygraphes grecs (2).

---

(1) Les auteurs séparés peuvent être classés soit par ordre alphabétique, soit par ordre chronologique.

(2) Les *jurisconsultes*, les *mathématiciens, physiciens et naturalistes*, les auteurs sur les *arts et métiers*, et les *médecins* grecs se placent dans leurs divisions respectives.

VI. AUTEURS CLASSIQUES GRECS MODERNES.

VII. AUTEURS CLASSIQUES LATINS ANCIENS.

    A. Collections et extraits; mélanges et recueils de pièces :
        textes et traductions.
    B. Observations et commentaires.
    C. Poetes latins.
        1. Collections et extraits : textes et traductions.
        2. Observations et commentaires.
        5. Poetes buc. épic. etc., séparés.
        4. Poetes dramatiques.
    D. Romanciers, fabulistes et apologistes latins.
        1. Collections et extraits : textes et traductions.
        2. Observations et commentaires.
        5. Romanciers, fabulistes et apologistes séparés.
    E. Mythographes latins.
        1. Collections et extraits : textes et traductions.
        2. Observations et commentaires.
        5. Mythographes séparés.
    F. Rhéteurs latins.
        1. Collections et extraits : textes et traductions.
        2. Observations et commentaires.
        5. Rhéteurs séparés.
    G. Orateurs latins.
        1. Collections et extraits : textes et traductions.
        2. Observations et commentaires.
        5. Orateurs séparés.
    H. Épistolaires et sophistes latins.
        1. Collections et extraits : textes et traductions.
        2. Observations et commentaires.
        5. Épistolaires et sophistes séparés.
    I. Philosophes latins.
        1. Collections et extraits.
        2. Observations et commentaires.
        5. Philosophes séparés.
    J. Historiens et géographes latins.
        1. Collections et extraits : textes et traductions.
        2. Observations et commentaires.
        5. Historiens et géographes séparés.
    K. Satyres et invectives.
    L. Gnomiques, sentences, apophthegmes, adages, proverbes.
    M. Bons-mots, ana, esprits, pensées, etc.
    N. Symboles, emblèmes et devises.

O. Polygraphes latins anciens (1).

VIII. AUTEURS CLASSIQUES LATINS MODERNES.

A. Collections et extraits : mélanges et recueils de pièces.
B. Poétes latins modernes.
C. Auteurs dramatiques latins modernes.
D. Romanciers, fabulistes et apologistes latins modernes.
E. Mythographes latins modernes. (*Voy. IX° Divis. XIII. B.*)
F. Rhéteurs latins modernes. (*Voy. ci-dessus, I. B. 5*).
G. Orateurs latins modernes.
H. Epistolaires et sophistes latins modernes.
I. Satyres et invectives.
J. Gnomiques, sentences, apophthegmes, adages, proverbes.
K. Bons-mots, ana, esprits, pensées, etc.
L. Symboles, emblêmes et devises.
M. Polygraphes latins modernes (2).

IX. AUTEURS CLASSIQUES ITALIENS.

A. Collections d'auteurs italiens; mélanges et recueils de
pièces : textes et traductions.
B. Poetes italiens.
C. Auteurs dramatiques italiens.
D. Romanciers, fabulistes et apologistes italiens.
E. Mythographes italiens. (*Voy. IX° Divis. XIII. B.*)
F. Rhéteurs italiens. (*Voy. ci-dessus, I. B. 5.*)
G. Orateurs italiens.
H. Epistolaires et sophistes italiens.
I. Satyres et invectives.
J. Gnomiques, sentences, apophthegmes, adages, proverbes.
K. Bons-mots, ana, esprits, pensées, etc.
L. Symboles, emblêmes et devises.
M. Polygraphes italiens.

---

(1) Les *jurisconsultes;* les *mathématiciens, physiciens et naturalistes ;* les auteurs sur les *arts et métiers,* enfin les *médecins* latins se placent dans leurs divisions respectives.

(2) Les *philosophes;* les *historiens* et *géographes;* les *jurisconsultes;* les *mathématiciens, physiciens* et *naturalistes ;* les auteurs sur les *arts et métiers,* et les *médecins* latins modernes se placent dans leurs divisions respectives. Il en est de même pour les auteurs classiques italiens, espagnols, français, allemands, hollandais, anglais, etc., etc.

X. AUTEURS CLASSIQUES ESPAGNOLS ET PORTUGAIS.

A. Collections et extraits; mélanges et recueils de pièces : textes et traductions.
B. Poetes espagnols et portugais.
C. Auteurs dramatiques.
D. Romanciers, fabulistes et apologistes.
E. Mythographes espagnols et portugais. (*Voyez IXe Division, XIII. B.*)
F. Rhéteurs espagnols et portugais. (*Voy. ci-dessus, I. B. 3.*)
G. Orateurs   »   » .
H. Epistolaires et sophistes espagnols et portugais.
I. Satyres et invectives.
J. Gnomiques, sentences, apophthegmes, adages, proverbes.
K. Bons-mots, ana, esprits, pensées, etc.
L. Symboles, emblêmes et devises.
M. Polygraphes espagnols et portugais.

XI. AUTEURS CLASSIQUES FRANÇAIS.

A. Collections et extraits d'auteurs français; mélanges et recueils.
B. Poetes français.
C. Auteurs dramatiques français.
D. Romanciers, fabulistes et apologistes français.
E. Mythographes français (*voy. IXe Divis. XIII, B.*).
F. Rhéteurs français. (*voy. ci-dessus* I. B. 3.)
G. Orateurs.
H. Épistolaires et sophistes.
I. Satyres et invectives.
J. Gnomiques, sentences, apophthegmes, adages, pro - verbes, etc.
K. Bons-mots, ana, esprits, pensées.
L. Symboles, emblêmes et devises.
M. Polygraphes français.

XII. AUTEURS CLASSIQUES FLAMANDS ET HOLLAN - DAIS.

A. Collections et extraits; mélanges et recueils de pièces.
B. Poetes flamands et hollandais.
C. Auteurs dramatiques flamands et hollandais.
D. Romanciers, fabulistes et apologistes flammands et hollandais.
E. Mythographes flamands et hollandais (*voy. IXe Divis. XIII, B.*)

F. Rhéteurs flamands et hollandais. (*voy. ci-dessus*. I. B. 3.)
G. Orateurs flamands et hollandais.
H. Épistolaires et sophistes flamands et hollandais.
I. Satyres et invectives.
J. Gnomiques, sentences, apophthegmes, adages, proverbes.
K. Bons-mots, ana, esprits, pensées.
L. Symboles, emblêmes et devises.
M. Polygraphes flamands et hollandais.

XIII. AUTEURS CLASSIQUES SUÉDOIS, DANOIS, ETC.

A. Collections et extraits ; mélanges et recueils de pièces.
B Auteurs séparés.

XIV. AUTEURS CLASSIQUES BOHÉMIENS, HON - GROIS, ETC.

A. Collections et extraits ; mélanges et recueils de pièces.
B. Auteurs séparés.

XV. AUTEURS CLASSIQUES RUSSES ET POLONAIS.

A. Collections et extraits ; mélanges et recueils de pièces.
B. Auteurs séparés.

XVI. AUTEURS CLASSIQUES ANGLAIS.

A. Collections et extraits ; mélanges et recueils de pièces.
B. Auteurs séparés.

NEUVIÈME DIVISION.

Histoire et sciences auxiliaires.

I. GÉOGRAPHIE.

A. Introduction et traités préparatoires à l'étude de la géographie.
B. Dictionnaires géographiques.
   1. Dictionnaires généraux.
   2.   »   particuliers.
C. Traités généraux de géographie.
   1. Géographie générale ancienne et moderne.
   2.   »   ancienne et du moyen âge.
   3.   »   moderne.
   4.   »   maritime.
D. Traités particuliers de géographie.
   1. Géographie de l'Europe.
      a. Traités généraux.
      b.   »   particuliers.
   2. Géographie de l'Asie.
   3.   ›   de l'Afrique.
   4.   »   de l'Amérique.
   5.   »   de l'Austrasie.
E. Cartes géographiques et hydrographiques.
   1. Atlas et assemblages de cartes.
   2. Mappes-mondes; globes, etc.
   3. Cartes générales de l'Europe.
   4.   »   spéciales de l'Europe.
      a. Cartes de l'Italie.
      b.   »   de l'Espagne et du Portugal.
      c.   »   de la France.
      d.   »   de l'Allemagne.
      e.   »   de la Belgique et de la Hollande.
      f.   »   de la Suède, de la Norwège, etc.
      g.   »   de Bohême, de la Hongrie, etc.

h. » de la Suisse.
i. » de la Pologne et de la Russie.
j. » de l'Angleterre.
5. Cartes de l'Asie.
 a. Cartes générales.
 b. » spéciales.
6. Cartes de l'Afrique.
 a. Cartes générales.
 b. » spéciales.
7. Cartes de l'Amérique.
 a. Cartes générales.
 b. » spéciales.
8, Cartes de l'Austrasie.
 a. Cartes générales.
 b. » spéciales.

II. VOYAGES.

A. Introduction.
B. Histoire générale et particulière des voyages.
C. Collections de voyages.
D. Voyages autour du monde.
E. » dans différentes parties du monde.
F. » » » de l'Europe.
G. » particuliers en Europe.
 1. Voyages en Italie.
 2. » en Espagne et en Portugal.
 3. » en France.
 4. » en Allemagne.
 5. » en Belgique et en Hollande.
 6. » en Suède, en Norwège, etc.
 7. » en Bohême, en Hongrie. etc.
 8. » en Suisse.
 9. » en Pologne et en Russie.
 10. » en Angleterre.
H. Voyages dans différentes parties de l'Asie.
I. » » » de l'Afrique.
J. » » » de l'Amérique.
K. » » » de l'Austrasie.

III. CHRONOLOGIE.

A. Systèmes et traités généraux de chronologie.
B. Traités particuliers de chronologie.
C. Chronologie historique, ou histoire réduite en tables.

IV. GÉNÉALOGIE.

    A. Traités généraux de généalogie.
    B.   . »   particuliers de généalogie.

V. HÉRALDIQUE, HISTOIRE DE LA NOBLESSE ET DE LA CHEVALERIE.

    A. De l'art héraldique.
       1. Traités généraux.
       2.   »   particuliers.
    B. De la noblesse.
       1. Traités généraux.
       2.   »   particuliers.
       3. Dictionnaires de la noblesse.
    C. Des divers ordres de chevalerie.

VI. DIPLOMATIQUE ET SPHRAGISTIQUE.

    A. Des diplômes et de la diplomatique en général.
    B. Histoire de la diplomatique.
    C. Des différentes espèces de diplômes ; de la vérification des écritures.
    D. Traités de diplomatique.
       1. Traités systématiques et subsidiaires ; manuels et abrégés de diplomatique.
       2. Traités particuliers.
          a. Diplomatique d'un royaume, d'un pays, etc.
          b.   »   des empereurs et des rois, etc.
       3. Mélanges de diplomatique.
    E. Des guerres diplomatiques.
       1. Histoire des guerres diplomatiques.
       2. Traités auxquels ont donné lieu les guerres diplomatiques générales.
       3. Traités que les guerres diplomatiques spéciales ont engendrées.
    F. De la pratique de chancellerie du moyen âge.
       1. De la contenance particulière des diplômes ; du style de chancellerie en général.
       2. Du style de chancellerie en particulier.
       3. De la solemnisation des diplômes.
    G. Diplomatique pratique.
       1. Des archives en général.
       2. Traités généraux de la science de l'archiviste ; traités de diplomatique pratique.

3. De l'arrangement, des ornements et de la conserva
tion des archives.
4. Inventaires et répertoires de diplômes, de chartes, etc.
H. Sphragistique.
1. Traités généraux.
2. » particuliers.
I. Mélanges de diplomatique et de sphragistique.

VII. NUMISMATIQUE.

A. Introduction à la numismatique.
B. Histoire de la numismatique.
C. Traités généraux et dictionnaires de numismatique.
D. Numismatique ancienne.
1. Traités généraux.
2. » particuliers.
E. Numismatique du moyen âge.
1. Traités généraux.
2. » particuliers.
F. Numismatique moderne.
1. Traités généraux.
2. » particuliers.
G. Numismatique nationale, provinciale et des villes.
H. Recueils et cabinets de médailles.
I. Catalogues de médailles.
J. Dissertations sur quelques médailles particulières.
K. Mélanges de numismatique.

VIII. ÉPIGRAPHIQUE.

A. Introduction à l'étude des inscriptions antiques.
B. Collections d'inscriptions et marbres.
C. Inscriptions arabes, égyptiennes, grecques, latines, etc.
1. Traités généraux.
2. » particuliers.

IX. ARCHÉOLOGIE (proprement dite).

A. Introduction à l'étude de l'archéologie.
B. Recueils de monuments antiques et descriptions de musées
d'antiques, etc.
C. Monuments antiques, d'architecture et autres de différents pays.
1. Monuments de la Grèce.
2. » de l'Italie.

3. Monuments de l'Espagne.
4.　　　　 »　　　 antiques de différents autres pays.
5.　　　　 »　　　 antiques trouvés à Herculanum et à Pompéi.
6.　　　　 »　　　 de différentes autres villes.
D. Statues, sculptures antiques, mosaïques, peintures, etc.
　　1. Recueils de statues.
　　2. Statues, sculptures, etc., diverses.
E. Vases, lampes, sceaux, etc.
　　1. Recueils de vases, etc.
　　2. Vases, lampes et sceaux divers.
F. Pierres gravées.
　　1. Recueils de pierres gravées.
　　2. Pierres gravées diverses.

X. ANTIQUITÉS.

A. Introduction; traités sur l'utilité des antiquités, etc.
B. Dictionnaires d'antiquités.
C. Mœurs et usages religieux, civils et militaires des anciens.
　　1. Traités généraux.
　　2.　　 »　　 particuliers.
　　　　a. Mœurs et usages des Hébreux, des Égyptiens, Syriens, Chaldéens, Perses, Phéniciens et Carthaginois.
　　　　b. Mœurs et usages des Grecs.
　　　　c.　　 »　　　　 »　　　 des Romains.
　　　　d.　　 »　　　　 »　　　 des Gaulois, des Germains, etc.

XI. INTRODUCTION A L'HISTOIRE.

A. Introduction générale à l'étude de l'histoire.
B. Traités sur la manière d'écrire et d'étudier l'histoire.
C.　　 »　　 singuliers de l'utilité de l'histoire.
D.　　 »　　 critiques apologétiques pour et contre l'histoire et les historiens.
E. Atlas historiques.

XII. HISTOIRE UNIVERSELLE, ANCIENNE ET MODERNE.

A. Traités généraux d'histoire universelle.
B.　　 »　　 particuliers relatifs à l'histoire universelle.
C. Dictionnaires historiques.

XIII. HISTOIRE DES RELIGIONS ET SUPERSTITIONS.

A. Histoire générale des religions.
B. Religions de l'antiquité : mythologie.
    1. Introduction et dictionnaires de mythologie.
    2. Traités généraux ; cours de mythologie ; recueils de figures mythologiques.
    3. Mythologie nationale.
        a. Mythologie orientale.
        b.   »   grecque et romaine.
        c.   »   teutonique.
        d.   »   slavonne.
    4. Traités particuliers.
    5. Mélanges de mythologie.
C. Histoire de l'église chrétienne.
    1. Introduction.
    2. Traités généraux.
    3.   »   particuliers.
D. Histoire ecclésiastique nationale.
    1. Histoire ecclésiastique de l'Italie.
    2.   »   »   de l'Espagne et du Portugal.
    3.   »   »   de la France.
    4.   »   »   de l'Allemagne.
    5.   »   »   de la Belgique et de la Hollande.
    6.   »   »   de la Suède, de Danemark, etc.
    7.   »   »   de la Hongrie, de Bohème, etc.
    8.   »   »   de la Suisse.
    9.   »   »   de la Pologne et de la Russie.
    10.   »   »   de l'Angleterre.
E. Histoire des conciles.
F. Histoire des papes, cardinaux, archevêques et évêques, des conclaves, etc.
    1. Traités généraux.
    2. Histoire des papes.
    3.   »   des cardinaux.
    4.   »   des archevêques et évêques.
    5.   »   des conclaves, etc.
G. Histoire des inquisitions.
H. Histoire des ordres religieux et militaires.
    1. Ecrivains sur l'histoire générale des ordres religieux.
    2. Histoire des anciens ermites de l'Orient.
    3.   »   de l'ordre des carmes.
    4.   »   de différents ordres vivants sous la règle de St. Augustin.

5. Histoire de différents ordres vivants sous la règle de
St. Benoît.
6. » de St. François.
7. » des jésuites.
8. » de l'ordre des chartreux.
9. » des ordres de chevalerie institués pour la dé-
fense de la religion ; histoire des ordres
militaires.
10. » des saints et des martyrs.
    a. Histoire générale des saints et des martyrs.
    b. Vies et actes des saints et des martyrs.
11. Histoire de la religion protestante, des hérésies et
des chismes.
12. Histoire des lieux saints, des reliques, etc.
15. » des associations secrètes, des francs-maçons,
des rose-croix, etc.
I. Mélanges d'histoire ecclésiastique.

XIV. HISTOIRE ANCIENNE.

A. Temps antidiluviens, obscurs et fabuleux.
B. Histoire ancienne.
  1. Traités généraux.
  2. » particuliers.
    a. Histoire des Juifs.
    b. » des Phéniciens, des Babyloniens, des
Egyptiens, etc.
    c. » grecque.
      α. Traités généraux.
      β. » particuliers.
    d. Histoire romaine.
      α. Traités généraux.
      β. » particuliers.

XV. HISTOIRE DU MOYEN AGE.

A. Histoire générale du moyen âge.
B. » particulière du moyen âge.

XVI. HISTOIRE MODERNE.

A. Histoire générale de l'Europe moderne, avec l'histoire
particulière de certaines époques.
B. Histoire moderne nationale.
  1. Histoire d'*Italie.*

a. Histoire générale d'Italie.
b.   »   des états de l'Eglise.
c.   »   de Gênes, de Lucques et de Parme.
d.   »   de Naples et de Sicile.
e.   »   des îles de Corfou, de Sardaigne, de
             Corse, de Malte, etc.
f.   »   de diverses localités.
g. Mélanges sur l'histoire d'Italie.
2. Histoire d'*Espagne* et de *Portugal.*
      a. Histoire générale d'Espagne.
      b.   »   particulière sous différents règnes.
      c.   »   de diverses localités.
      d.   »   générale de Portugal.
      e.   »   particulière de Portugal.
      f.   »   de diverses localités.
      g. Mélanges.
3. Histoire de *France.*
      a. Histoire des Celtes et des anciens Gaulois.
      b. Origine, mœurs et usages des Français, avec les
         monuments qui y ont rapport.
      c. Histoire générale de France.
      d. Collections d'ouvrages relatifs à l'histoire de
         France et à certaines époques.
      e. Histoire particulière des rois de France jus-
         qu'en 1589.
      f.   »   de la branche des Bourbons; Henri IV,
             de 1589-1610.
      g. Histoire du règne de Louis XIII, de 1610-1643.
      h. Histoire du règne de Louis XIV, de 1643-1715.
      i.   »   »   de Louis XV, de 1715-1774.
      j.   »   »   de Louis XVI, de 1774-1789.
      k. Histoire de la révolution française de 1789.
      l. Gouvernement de Napoléon et restauration.
      m. Histoire du règne de Louis XVIII, 1814-1824.
      n.   »   »   de Charles X.
      o. Révolution de 1830.
      p. Histoire du règne de Louis-Philippe.
      q. Histoire de diverses localités de la France.
      r. Mélanges sur l'histoire de France.
4. Histoire d'*Allemagne.*
      a. Histoire générale de l'Allemagne.
      b. Collections d'ouvrages relatifs à l'histoire d'Alle-
         magne.
      c. Histoire particulière de l'Allemagne.
         α. Histoire d'Autriche.

1° Traités généraux.
2°   »   particuliers.

β. Histoire de la Prusse.
    1° Traités généraux.
    2°   »   particuliers.
γ.   »   de la Saxe, de la Bavière, de Wurtemberg et d'autres états de l'Allemagne.
    1° Traités généraux.
    2°   »   particuliers.

d. Histoire de diverses localités.
e. Mélanges.

5. Histoire des *Pays-Bas*.

a. Collections des ouvrages originaux de l'histoire des Pays-Bas.
b. Chroniques et annales des Pays-Bas.
c. Histoire générale des Pays-Bas.
d.   »   des Pays-Bas à différentes époques.

α. Histoire des Pays-Bas avant l'incursion des Romains.
β. »   »   sous la domination des Romains.
γ. »   »   sous le règne des Francs jusqu'en 870.
δ. »   »   sous la maison de Bourgogne.
ε. »   »   sous la maison d'Autriche.
ζ. Règne de l'empereur Charles-Quint.
η. Gouvernement de Marguerite d'Autriche 1507-30.
θ. Règne de Philippe II, roi d'Espagne, 1555-98.

e. Histoire des troubles des Pays-Bas.

α. Préliminaires (comprenant les traités prépatoires à son intelligence.)
β. Collections d'historiens et de monuments qui servent à l'histoire des troubles des Pays-Bas.
γ. Histoire générale des troubles des Pays-Bas.
δ. Gouvernement de Marguerite de Parme, 1559-1567.
ε. »   du duc d'Albe, 1567-1575.
ζ. »   de Louis de Requesens et des états généraux.

ɩ. Histoire de la Hollande sous la domination
française, 1810-1814.
h. Érection du royaume des Pays-Bas, 1814-1830.
i. Révolution de 1830 ; gouvernement provisoire.
j. Histoire de la Belgique depuis 1830 jusqu'à nos
jours.
k. Histoire de la Hollande depuis 1830 jusqu'à nos
jours.
l. Histoire particulière des provinces et villes de la
Belgique.
    α. Province d'Anvers.
        1° Traités généraux.
        2° Villes et localités de la province.
    β. Province du Brabant méridional.
        1° Traités généraux.
        2° Villes et localités.
    γ. Flandre orientale.
        1° Traités généraux.
        2ᵉ Villes et localités.
    δ. Flandre occidentale.
        1° Traités généraux.
        2° Villes et localités.
    ε. Province du Hainaut.
        1° Traités généraux.
        2° Villes et localités.
    ζ. Province de Liège.
        1° Traités généraux.
        2° Villes et localités.
    η. Province du Limbourg.
        1° Traités généraux.
        2° Villes et localités.
    θ. Province de Luxembourg.
        1° Traités généraux.
        2° Villes et localités.
    ι. Province de Namur.
        1° Traités généraux.
        2° Villes et localités.
m. Histoire particulière des provinces et villes de la
Hollande.
    α. Brabant septentrional.
        1° Traités généraux.
        2° Villes et localités de la province.
    β. Province de la Frise.
        1° Traités généraux.
        2° Villes et localités.

γ. Province de Groningue.
   1° Traités généraux.
   2° Villes et localités.
δ. Province de Gueldre.
   1° Traités généraux.
   2° Villes et localités.
ε. Province de la Hollande.
   1° Traités généraux.
   2° Villes et localités.
ζ. Province d'Over-Yssel.
   1° Traités généraux.
   2° Villes et localités.
η. Province d'Utrecht.
   1° Traités généraux.
   2° Villes et localités.
θ. Province de la Zélande.
   1° Traités généraux.
   2° Villes et localités.

n. Mélanges.

6. Histoire générale des *peuples septentrionaux*.
7. Histoire de la *Suède*, de la *Norwège*, de *Danemark*.
  a. Histoire générale.
  b.   »   particulière.
  c.   »   de diverses localités.
  d. Mélanges.
8. Histoire de *Bohême*, de la *Hongrie*, etc.
  a. Histoire générale.
  b.   »   particulière.
  c.   »   de diverses localités.
  d. Mélanges.
9. Histoire de la *Suisse*.
  a. Histoire générale.
  b.   »   particulière.
  c.   »   de diverses localités.
  d. Mélanges.
10. Histoire de la *Russie* et de la *Pologne*.
  a. Histoire générale.
  b.   »   particulière.
  c.   »   de diverses localités.
  d. Mélanges.
11. Histoire d'*Angleterre*.
  a. Collections d'ouvrages relatifs à l'histoire d'Angleterre.
  b. Histoire générale d'Angleterre.
  c.   »   particulière sous différents règnes.

d. Histoire d'Irlande, d'Écosse, etc.
e.　　»　　de diverses localités.
f.　Mélanges sur l'histoire d'Angleterre.
12. Histoire de l'*Asie.*
　　a. Histoire générale.
　　b.　　»　　de la Turquie.
　　c.　　»　　des Arabes, Sarrasins, Arméniens.
　　d.　　»　　des Perses.
　　e.　　»　　des Indiens.
　　f.　　»　　des Chinois, des Tartares, etc.
　　g.　　»　　des îles d'Asie.
　　h.　　»　　de diverses localités.
　　i. Mélanges d'histoire d'Asie et d'Amérique.
15. Histoire d'*Afrique.*
　　a. Histoire générale.
　　b.　　»　　de l'Égypte.
　　c.　　»　　des états barbaresques, de l'Abyssinie,
　　　　　　　　de l'Éthiopie, etc.
　　d.　　»　　des îles d'Afrique.
　　e.　　»　　de diverses localités.
　　f. Mélanges.
14. Histoire de l'*Amérique.*
　　a. Histoire générale de l'Amérique.
　　b.　　»　　de l'Amérique septentrionale.
　　　　α. Traités généraux.
　　　　β.　　»　　particuliers.
　　c. Histoire de l'Amérique méridionale.
　　　　α. Traités généraux.
　　　　β.　　»　　particuliers.
　　d. Histoire des îles d'Amérique.
　　e.　　»　　de diverses localités.
　　f. Mélanges.
15. Histoire de l'*Austrasie.*
　　a. Histoire générale.
　　b.　　»　　particulière.
　　c.　　»　　de diverses localités.
　　d. Mélanges.

XVII. MÉLANGES HISTORIQUES GÉNÉRAUX.

XVIII. HISTOIRE LITTÉRAIRE.

　A. Introduction à l'histoire littéraire.
　B. Histoire littéraire générale.
　C.　　»　　　　»　　de différentes époques.

    1. Histoire littéraire ancienne.
    2.   »   »   du moyen âge.
    3.   »   »   moderne
D. Histoire littéraire nationale.
    1. Histoire littéraire orientale.
    2.   »   »   grecque et latine.
    3.   »   »   italienne.
    4.   »   »   espagnole et portugaise.
    5.   »   »   française.
    6.   »   »   allemande.
    7.   »   »   belge et hollandaise.
    8.   »   »   suédoise, danoise, etc.
    9.   »   »   bohémienne, hongroise, etc.
  10.   »   »   suisse.
  11.   »   »   russe et polonaise.
  12.   »   »   anglaise.
E. Histoire littéraire professionale, ou histoire littéraire par-
    ticulière des sciences et des arts.
    1. Traités généraux.
    2.   »   particuliers.
F. Histoire, actes, annales, mémoires et dissertations des
    écoles, des colléges et des athénées, des universités,
    des académies et des sociétés savantes.
    1. Histoire des sociétés savantes en général.
    2.   »   »   »   anciennes.
    3.   »   »   »   du moyen âge.
    4.   »   »   »   modernes.
    5. Mémoires et dissertations des sociétés savantes.
        a. De l'Italie.
            α. Mémoires.
            β. Dissertations.
        b. De l'Espagne et du Portugal.
            α. Mémoires.
            β. Dissertations:
        c. De la France.
            α. Mémoires.
            β. Dissertations.
        d. De l'Allemagne.
            α. Mémoires.
            β. Dissertations.
        e. De la Belgique.
            α. Mémoires.
            β. Dissertations.
        f. De la Hollande.
            α. Mémoires.

  β. Dissertations.
 g. De Danemarck, de la Suéde, etc.
  α. Mémoires.
  β. Dissertations.
 h. De Bohème, de la Hongrie.
  α. Mémoires.
  β. Dissertations.
 i. De la Suisse.
  α. Mémoires.
  β. Dissertations.
 j. De la Pologne ét de la Russie.
  α. Mémoires.
  β. Dissertations.
 k. De l'Angleterre.
  α. Mémoires.
  β. Dissertations.
 l. De l'Amérique.

XIX. BIOGRAPHIE GÉNÉRALE.

A. Biographies générales anciennes et modernes.
B.   »   »   anciennes.
C.   »   »   modernes.
D.   » nationales générales, ou vies et éloges des personnes illustres dans les sciences, les arts et les lettres de chaque pays.
 1. Biographies des personnes illustres de l'Italie.
 2. »   »   » de l'Espagne et du Portugal.
 3. »   »   » de la France.
 4. »   »   » de l'Allemagne.
 5. »   »   » de la Belgique et de la Hollande.
 6. »   »   » de la Suède, de Danemark.
 7. »   »   » de Bohême, de la Hongrie.
 8. »   »   » de la Russie et de la Pologne.
 9. »   »   » de l'Angleterre.
 10. »   »   » de l'Asie.
 11. »   »   » de l'Afrique.
 12. »   »   » de l'Amérique.
E. Biographies professionales, ou vies et éloges des personnes illustres dans chaque science ou art.

1. Biographies des paléographes,
2. » des imprimeurs et libraires.
3. » des bibliographes et bibliothécaires.
4. » des théologiens.
5. » des philosophes et pédagogues.
6. » des jurisconsultes, etc.
7. » des mathématiciens.
8. » des physiciens.
9. » des chimistes.
10. » des naturalistes.
11. » des artistes, etc.
12. » des médecins.
15. » des géographes, historiens, etc.
14. » des journalistes.
F. Mélanges de biographies.

DIXIÈME DIVISION.

====

Recueils et mélanges littéraires et critiques; Journaux.

————

I. RECUEILS LITTÉRAIRES ET CRITIQUES GÉNÉRAUX NATIONAUX.

    A. Recueils littéraires et critiques de l'Italie.
    B. » » de l'Espagne et du Portugal.
    C. » » » de la France.
    D. » » » de l'Allemagne.
    E. » » » de la Belgique et de la Hollande.
    F. » » » de la Norwège, de la Suède, etc.
    G. » » » de la Hongrie, de Bohême, etc.
    H. » » » de la Suisse.
    I. » » » de la Russie et de la Pologne.
    J. » » » de l'Angleterre.
    K. » » » de l'Afrique.
    L. » » » de l'Amérique.
    M. » » » de l'Asie.

II. RECUEILS LITTÉRAIRES ET CRITIQUES PROFESSIONAUX.

    A. Recueils littéraires et critiques paléographiques et bibliologiques.
    B. » » » théologiques.
    C. » » » philosophiques et pédagogiques.

D. Recueils littéraires et critiques de jurisprudence.
E. » » » des sciences mathémati-
ques, physiques et na-
turelles.
    1. Recueils littéraires et critiques généraux.
    2. » » » des sciences mathéma-
tiques.
    3. » » » de physique et de chi-
mie.
    4. » » » d'histoire naturelle.
      a. Recueils généraux d'histoire naturelle.
      b. » de minéralogie.
      c. » de botanique.
      d. » de zoologie.
F. Recueils littéraires et critiques des sciences médicales.
G. » » » des arts et métiers.
H. » » » philologiques.
I. » » » historiques et des sciences
accessoires.
    1. Recueils littéraires et critiques des sciences accessoires.
    2. » » » historiques généraux.

III. MÉLANGES ET NOTICES CRITIQUES SUR QUEL-
QUES LIVRES RARES ET CURIEUX.

IV. JOURNAUX POLITIQUES.

A. Journaux politiques de l'Italie.
B. » » de l'Espagne et du Portugal.
C. » » de la France.
D. » » de l'Allemagne.
E. » » de la Belgique et de la Hollande.
F. » » de la Norwège, de la Suède, etc.
G. » » de la Hongrie, de Bohême.
H. » » de la Suisse.
I. » » de la Russie et de la Pologne.
J. » » de l'Angleterre.
K. » » de l'Afrique.
L. » » de l'Amérique.
M. » » de l'Asie.

APPENDICE.

PRINCIPALES SOURCES.

1° *Traités généraux et particuliers sur l'arrangement des bibliothèques.*

1. AMEILHON, H. P., projet sur quelques changements qu'on pourrait faire à nos catalogues de bibliothèques, pour les rendre plus constitutionnels, avec des observations sur le caractère, les qualités et les fonctions d'un vrai bibliothécaire.
Voy. *Mem. de l'Instit. de Paris. Litt. et B. A. T. II, Mém. p.* 477.

2. AMPÈRE, A. M., essai sur la philosophie des sciences, ou exposition analytique d'une classification naturelle de toutes les connaissances humaines. Paris, 1838, in-8°.

3. ARAOZ, F. *de*, de bene disponenda bibliotheca, ad meliorem cognitionem loci et materiæ, qualitatisque librorum, litteralis perutile opusculum. Matriti, 1651, in-8°.

4. BENTHAM, G., essai sur la nomenclature et la classification des branches d'art et science ; ouvrage extrait de la Chrestomathia de Jérémie Bentham. Paris, 1858, in-18.

5. CAMUS, A. G., observations sur la distribution et le classement des livres d'une bibliothèque.
Voy. *Mém. de l'Institut. Nat. de Paris. Litt. et B. A. T. I, p.* 643. 675.

6. CLEMENS, P. C., musei, s. bibliothecæ extructio, instructio, cura, usus lib. IV ; accessit descriptio bibliothecæ s. Laurentii Escurialis, etc. Lugduni, 1635, in-4.

7. FERRARIO, G., projetto per un catalogo bibliografico secondo il sistema delle cognitione umane di Bacone e d'Alembert. Milano, 1802, in-8°.

8. FONTANINI, J. J., dispositio catalogi bibliothecæ Renati Imperialis, secundum scientiarum, facultatum, artium et rerum classes.
Voy. *Catalogus bibliothecæ J. R. Imperialis, etc. p.* 583 *sqq. Romæ,* 1711, *in-fol.*

9. FORMEY, J. H. S., conseils pour former une bibliothèque peu nombreuse mais choisie. Berlin, 1746, 1750 et 1754. — Nouv. édit. avec l'introduction à l'étude des sciences et belles-lettres, (par *Bruzen de la Martinière*). 1756, 1764, 1775, in-8.

10. [FORTIA D'URBAN.] Système général de bibliographie alphabétique, appliqué au tableau encyclopédique des connaissances humaines, et en particulier à la philologie. Paris, 1819. in-12. — Réimprimé sous le titre de *Nouveau système de Bibliographie alphabétique*, etc. Paris, 1822, in-12.

11. GARNERIUS, J., systema bibliothecæ collegii Parisiensis societatis Jesu. Parisiis, 1678, in-4°.
Voy. aussi J. D. KOELERI *sylloge aliquot scriptorum de ordinanda bibliotheca, pag.* 1 *sqq.*

12. GIRAULT, C. X., système de bibliographie, extrait du cours de bibliographie (d'Achard) de Marseille, T. III, ch. IV, n° 14, sec. édit. Dijon, 1809, in-8.

13. HORNE, T. H., an introduction to the study of bibliographie, etc. London, 1814, 2 voll. in-8.
Au tome premier page 372 se trouve rapporté l'essai d'un systeme bibliographique de ce bibliographe anglais sous le titre: *A bibliographical system exhibiting the order to be pursued in arringing the faculties and divisions of a catalogue.*

14. LANGLOIS. J. D., nouvelle bibliothèque philosophique contenant 1° les notions préliminaires du nouveau système proposé ; 2° son analyse avec la table généalogique ; 3° la classification des opérations de l'entendement humain, ou catalogue des bibliothèques. Paris, 1815, in-8.

15. LEIBNITIUS, G. G., idea biblio-

thecæ publicæ secundum classes scientiarum ordinandæ.

Voy. ses *Opp. T. V. p.* 209-214; et FELLERI *otium Hanoveranum. Lips.* 1718, *in8°, p.* 128-138.

16. LUBBROCK, J. W., remarks on the classification of the different branches of human knowledge. London, 1838, in-8.

Outre l'essai d'un nouveau système bibliographique, l'auteur rapporte dans cette brochure les systèmes de différents auteurs.

17. MIDDLETON, C., bibliothecæ Cantabrigiensis ordinandæ methodus quædam, etc. Cantabrigiæ, 1725, in-4.

Voy. ses *Miscellaneous Works, v. III p.* 475-502, *in-4°.*

18. NAUDÉ, G., advis pour dresser une bibliothèque. Paris, 1627, in-8°. — 2e édit. in-8°. — 3e édit., 1688, in-8°.

19. — Dissertatio de instruenda bibliotheca, e gallico in latinum idioma translata, per *P. J. L. M.*

Voy. *J. A.* SCHMIDII *accessio ad collectionem Madernanam de bibliothecis. Helmstad.* 1703, *in-4° p.* 71, *sqq.*

20. PEIGNOT, G., traité du choix des livres, etc. Paris et Dijon, 1817, in-8°

La 4e partie de cet ouvrage contient une *Notice sur l'établissement d'une bibliothèque.*

21. PEIGNOT, G., dictionnaire raisonné de bibliologie, etc. Paris, 1802, avec suppl., 3 voll. in-8°.

L'auteur rapporte au tome 2, les systèmes bibliographiques suivants : Système du ci- toyen Ameilhon, d'Arias Montanus, de Baillet; de la bibliothèque nationale de France; de Buthenschoen, de Camus, de M. Casiri, de Coste, de Cl. Clément, de Denis, de Giraud, de Laire, de Marchand, de Martin, de Debure, de Massol, de Parent, du répertoire d'Iéna, de Thiebault; et termine cette exposition par l'essai de son nouveau ystème bibliographique.

22. REUSS, F. F., ordo bibliothecæ universitatis cæsareæ Mosquensis. Mosquæ, 1826, in-4.

24. ROSTGAARD, F., projet d'une nouvelle méthode pour dresser le catalogue d'une bibliothèque selon les matières avec le plan. Paris, 1698. in-4°.

Voy. *J. D.* KOELER, *sylloge aliqt. scriptt. de bene ordinanda bibliotheca. Francof.* 1728, *in-4.*

25. *Sommaire* d'un système des connaissances humaines. Paris, 1838, in-8°.

L'auteur paraît être M. *De Lamennais.*

26. THIEBAUT, A., exposition du tableau philosophique des connaissances humaines. Paris, 1802, in-8.

L'auteur ayant été chargé de ranger une bibliothèque nombreuse, a suivi dans sa disposition le nouveau tableau des connaissances humaines qu'il public. Il l'a divisé en *connaissances instrumentales, essentielles* et *de convenance.* Parmi les premières il range : 1° le langage; 2° les mathém., et 3° la logique.

Parmi les secondes : les sciences morales et physiques; et parmi les dernières, les sciences historiques.

2° *Histoire de quelques bibliothèques.*

27. HORNUS, J. G., de bibliothecis privatorum eorumque origine, incrementis, positu, magnitudine, digestione, indicibus, ornatu ac calamitatibus, dissertatio. 1719, in-8.

28. JACOB, L., traités des plus belles bibliothèques publiques et particulières qui ont été et qui sont à présent dans le monde. Paris, 1644. in-8.

29. LE GALLOIS. traité des plus belles bibliothèques de l'Europe, des premiers livres qui ont été faits, de l'invention de l'imprimerie, etc., avec une méthode pour dresser une bibliothèque. Paris, 1680, in-12. — 2e édit. 1685, in-12.

30. LIMIERS, H. P. *de*, idée générale des études, avec un état des bibliothèques et le plan pour en former une bien curieuse et bien ordonnée. Amst., 1713, in-12.

Cet ouvrage est une copie presque entière du traité des plus belles bibliothèques de l'Europe, par *Le Gallois,* Paris, 1680, in-12, qui n'est lui-même qu'une traduction abrégée de l'ouvrage latin *de Bibliothecis* par LOMEYER. Il a été réimprimé dans la *Science de l'homme de cour* même année, en 3 voll. in-12.

31. LOMEIER, J., de bibliothecis liber singularis. Ultrajecti, 1680, in-8°.

Ce traité est réimprimé dans l'ouvrage suivant : J. A. SCHMIDIUS, *accessio altera ad*

*Maderi collectionem scriptorum de biblio-
thecis. Helmst.*, 1705, *in-4.*

32. Thiebaud de Berneaud , histoire
critique et littéraire de la bibliothèque
Mazarine, depuis sa fondation jusqu'à
nos jours. Ce vol. contient en outre :
1° une notice raisonnée des manuscr.
et livres du 15° siècle que possède cette
bibliothèque ; 2° un morceau sur ce
que doit être et doit savoir un bibliothécaire ; 3° un coup-d'œil sur l'ordre
adopté pour le classement des livres
non-seulement à la Mazarine, mais encore dans les divers grands établissements de l'Italie, de l'Allemagne, etc.,
suivi, sur ce sujet, d'une méthode plus
philos. et plus facile.

Est annoncé pour paraître sous peu.

3° a. *Bibliographies systématiques générales.*

33. Barbier , A. A., bibliothèque
nouvelle d'un homme de goût, entièrement refondue, contenant des juge-
ments tirés des journaux les plus connus et des critiques les plus estimés,
sur les meilleurs ouvrages qui ont
paru dans tous les genres, tant en
France que chez l'étranger. Paris,
1808-1810, 5 vol. in-8°.

Voy. aussi Desessart.

34. Brunet, J. C., manuel du li-
braire et de l'amateur de livres, contenant 1° un nouveau dictionnaire bibliographique, 2° une table en forme
de catalogue raisonné; 3° et 4° édit.
Paris et Bruxelles, 1821, 4 voll. in-8°.

Nous n'indiquons cet ouvrage qu'à cause
du 4ᵉ vol. qui contient une table méthodique
en forme de catalogue raisonné.

35. Debure, G. F. , bibliographie
instructive, ou traité de la connaissances des livres rares et singuliers.
Paris, 1763-68, 7 voll. in-8.

36. Heinzmann , J. G., Anleitung
zur Bücherkunde in allen Wissenschaften ; Grundlage zu einer auserlesenen
Bibliothek in allen Faechern. — Auch
unter dem Titel : Allgemeines Verzeichniss nach den Wissenschaften und
Kunsten, etc. Bern und Leipzig, 1797,
in-8.

37. Krug , W. T., encyclopaedi-
schesHandbuch der wissenschaftlichen
Literatur, als Fortsetzung von dessen
Encyclopedie der Wissenschaften. Zull-
lichau, 1804-1819, 3 The. in-8°.

Cet ouvrage est divisé comme suit : *Bd. I.
Heft. 1 philolog. Literat. her ausg. v. W.
T. Krug ; 2ᵘˢ, historische Literat., von K.
H. L. Poelitz; 3ᵉⁿ, mathem. Literat. von
E. F. Wrede; 4ᵉˢ, philosoph. Liter. von*
Krug; *Bd. II. Heft. 1 : anthropol. Liter.
von W. T. Krug ; 2ᵘˢ, physikalische Liter.
von E. F. und J. B. Weber; 3ᵘˢ, medizin.
Liter. v. J. Meier, 4ᵉⁿ, jurist. Literat, v.
K. S. Zachariæ; Bd. III, Zusaetze und
Berichtigungen zu den 2 ersten Baenden.*

38. Lawaetz , H. , Handbuch für
Bucherfreunde und Bibliothekare.
Th. 1. von der Gelehrsamkeit uberh.
Bd. 1-4. Halle, 1788-90. 3 faches Re-
gist., 1791, und 4 Nachträge, 1791-94.
Th. II. Bibliogr. interes. und gemein-
nutz. Kenntniss. Bd. I, 2, etc., 1795-
95, in-8.

39. [Psaume.] Dictionnaire bibliographique ou nouveau manuel du li-
braire et de l'amateur de livres, avec
des notes critiques, historiques et littéraires, précédé d'un essai élémentaire
sur la bibliographie. Paris, 1824, 2 voll.
in-8°.

Ce dictionnaire est précédé d'un *essai élémentaire sur la Bibliographie* où l'auteur
rapporte aussi les systemes bibliographiques
d'Ameilhon, de Camus, d'Achard , de Peignot, de Debure, de Barbier etc.

40. Reuss , J. D. , repertorium
commentationum a societatibus litte-
rariis editarum. Secundum disciplina-
rum ordinem digestum. Gottingæ,
1801-1821, 16 voll. in-4°.

Ces volumes contiennent: *T. I. Hist.
natur.; Zoologia.—T. II. Botanica; mine-
ralogia. Ibid. 1802 —T. III. Chemia et res
metallica. Ibid. 1803. T. IV. Physica. Ibid.
1805. — T. V. Astronomia. Ibid. 1804.—
T. VI Oeconomia Ibid. 1806. — T. VII.
Mathesis, etc. Ibid. 1808. — T. VIII.
Historia et subsidia historica. Ibid. 1810.—
T. IX. Philologia. Ibid. 1810. — T. X
XVI. Scientia et ars medica et chirur-
gica. Ibid. 1813.— 1821*

3° b. *Bibliographies nationales.*

41. ERSCH , J S., Handbuch der deutschen Literatur seit der Mitte des achtzehnten Jahrhunderts bis auf die neueste Zeit, systematisch bearbeitet, etc. Leipzig, 1812-1814, 9 part. in 5 Bden. in-8.—Neue Ausgabe fortgesetzt bis 1822, 4 Bde. in-8.

42.— Handbuch der deutschen Literatur seit der Mitte des 18 Jahrh. bis auf die neueste Zeit, systemat. bearbeitet, etc. Leipzig, 1828-56, in-8.

Cette nouvelle edition contient : *Bd. I, Abth. I. Literat. d. Philologie, Philos. u. Paedag. beaib. v. E. G. A. BOECKEL. Neue Ausg. 1822. Bd. I Abth. 2. Liter. d. Theolog. bearb. v. demselben. Neue Ausg. 1822.— Bd. II. Abth. 1. Liter. d. Jurispr. u. Politik, etc. bearb. v. J. C. KOPPE. Neue Ausg. 1823. — Bd. II. Abth. 2 Liter. d. schoenen Kunste.—Bd. III. Abth. 1. Literat. d. Medizin, bearb. v. F. A. B. PUCHELT. Neue Ausg. 1822. Bd. III. Abth. 2 Liter. d. Mathematik, Natur-und Gewerbkunde v. FR. W. SCHWEIGGER-SEIDEL. 1828, in-8.—Bd.*

IV. Literat. d. Geschichte u. deren Hülfswissenschaften. Neue Ausg. 1827, in-8.

43. ERSCH , J. S. , Literatur der vermischten Schriften seit der Mitte des 18cn Jahrhunderts bis auf die neueste Zeit, system. bearbeitet und mit den nothigen Registern versehen. Neue fortges. Ausg. von *C. A. Geissler.* Leipzig, 1837, in-8.

44. KAYSER, C. G., index locupletissimus librorum qui inde ab an. 1750 usque ad annum 1832 in Germania et in terris confinibus prodierunt. Lipsiæ, 1835 sqq., 6 Tom. in-4.

Aussi sous le titre : *Deutsche Bucherkunde, od. alphabetisches Verzeichniss der von 1750—1832 , erschienenen Bücher. welche in Deutschland und in den durch Sprache und Literatur damit verwandten Laendern, gedruckt worden sind.*

A ces 6 volumes, l'éditeur *Schumann* vient d'ajouter un *Sachregister* ou table méthodique des matières contenues dans l'ouvrage de Kayser.

3° c. *Bibliographies professionnales.*

45. CAMUS, bibliothèque choisie des livres de droit qu'il est le plus utile d'acquérir et de connaître. 5e édit. nouvellement revue et aug. par Mr *Dupin* aîné. Bruxelles, 1855, 1 vol. in-8°.

La 1re édition de cet ouvrage a paru à Paris sans nom d'auteur en 1772; la seconde en 1777, 1 vol. in-12; la 3e en 1803, 2 voll. in-12; la 4e considerablement augm en 1818, par *Dupin*, 2 voll. in-8°.

46. CHOULANT, L., Handbuch der Bucherkunde fur die aeltere Medicin. Leipzig, 1828, in-8.

47. DIERBACH, J. H., repertorium botanicum, od. Versuch einer systematischen Darstellung der neuesten Loistungen im ganzen Umfange der Pflanzenkunde. Lemgo, 1831, in 8.

48. EISELT, J. N., Gesch., Systemat., und Literatur der Insectenkunde, von den aeltesten Zeiten bis auf die Gegenwart. Als Handbuch fur den Jünger und als Repertorium fur den Meister der Entomologie. Leipzig, 1856, in-8.

49. ERSCH, J. S. , Literatur der Philologie, Philosophie und Paedagogik, seit der Mitte des 18cn Jahrh. bis auf die neueste Zeit. Neuer unveraend. Abdr. Leipzig, 1819, in-8. — 5e Ausg. fortges. von E. G. A. BOECKEL. Leipzig, 1822, in-8.

Voy. aussi son *Handbuch der Literatur, etc.*

50. FISCHER DE WALDHEIM, G , bibliographia Palæonthologica animalium systematica. 2d ed. Mosquæ, 1834, 1 vol. in-8.

51. FORKEL, J. N., allgemeine Literatur der Musik, oder Anleitung zur Kenntniss musikalischer Bucher v. d. aelt. bis auf die neuesten Zeiten system, geordnet und nach Veranlass. mit Anmerkk. u. Urtheilen begleitet. Leipzig, 1792, in-8.

52. FUHRMANN, W. D , Handbuch der theologischen Literatur od. Anleitung zur theologischen Bucherkenntniss für studierende Candidaten des Predigtamts, und für Stadt-und Landprediger in der protestantischen Kirche, etc. Leipzig, 1818, 2 The. in-8.

55. FUHRMANN, W. D., Handb. der neuesten theologischen Literatur od. Anleitung zur Kenntniss der inden neuesten Zeiten — in den letzten 17 Jahren erschienenen — theologischen Schriften. Iserlohn, 1836, 1er Bd. in-8.

von der Geschichte und Schriftstellerkunde der Diplomatik; 2es Buch : von der diplomat. Bibliographie od. Bücherkunde. Erlangen, 1792, in-8.

57. LEONHARD, C. C., KOPP, J. H., und GAERTNER, C. L., Literatur der Mineralogie.

Voy. son traité intitule : *Propaedeutik der Mineralogie. Frankft. am M.* 1817, *in-fol.*

58. LIPENIUS, M., bibliotheca realis juridica. Frankf. 1672, in-fol. — Ed. alt. Ibid. 1679, in-fol. — *Ejusd.* biblioth. juridica. edit. nov. curâ et studio *F. G. Struvii.* Frankf. et Lips. 1720, in-fol. — Eadem post Struvii curas, adjecto indice a *G. A. Jenichen.* Lips 1736, in fol. — Suppl. ad biblioth. ed. Jenichen. Lips. 1742, in-fol. — Eadem post Struvii et Jenichenii curas emendata, etc. Lips., 1757, 2 voll. in-fol. — Suppl. ac emendationes collegit *A. F. Schott.* Lips. 1775, in-fol. — Supplem. T. II, collegit de *Senkenburg.* Lips. 1780, in-fol. — Suppl. vol. III, auct. *L. C. Madihn.* Vratisl. 1816, in-fol. — Suppl. vol IV, aut. *Madihn.* Ibid. 1823-24, in-fol. — Suppl. vol. V. Ibid. 1830, fasc. I. A-D.

59. LIPENIUS, M. M., bibliotheca realis philosophica omnium materiarum rerum et titulorum in universo totius philosophiæ ambitu occurentium, etc. Francof. ad M. 1682, 2 voll. in-fol.

60. MEUSEL, J. G., bibliotheca historica, instructa a *B. G. Struvio,* aucta a *C. G. Budero,* nunc vero ita digesta, amplificata et emendata, ut pene novum opus videri possit, cum indice auctorum et rerum. Lipsiæ, 1782-1804, 11 tom. 22 voll. in-8.

61. MITTITZ, F. *von,* Handbuch

54. GATTERER, J. C., allgemeine historische Bibliothek. Halle, 1767-70, 14 Tom. 7 voll. in-8.

55. HOFFMANN, H., die deutsche Philologie im Grundriss. Ein Leitfaden zu Vorlesungen. Breslau, 1836, in-8.

56. HUCH, F. A., Versuch einer Literatur der Diplomatik. Erstes Buch : der botanischen Literatur für Botaniker. Bibliothecare, Buchhaendler und Auctionatoren, etc. Berlin, 1829, in-8.

62. MÜLLER, J W., Repertorium der mathematischen Literatur, etc. Augsburg u. Leip., 1822-25, 3 The. in-8.

63. MURHARD, F. W. A., bibliotheca mathematica, od. Literatur der mathematischen Wissenschaften. Leipzig, 1797-1805, 3 Bde. in-8.

64. PERCHERON, A., bibliographie entomologique, comprenant l'indication par ordre alphabétique de nom d'auteur; 1o des ouvrages entomologiques publiés en France et à l'étranger jusqu'en 1834; 2o des monographies et mémoires contenus dans les recueils, journaux et collections Acad. franc. et étrangères. Paris, 1837, 2 voll. in-8.

65. SPRENGEL, C., literatura medica externa recentior, seu enumeratio librorum plerorumque et commentariorum singularium, ad doctrinas medicas facientium, qui extra Germaniam ab anno inde 1750 impressi sunt. Lipsiæ, 1829, in-8.

66. STRUVIUS, bibliotheca historica selecta emendavit et copiose locupletavit *C. Gottl. Buder.* Jenæ, 1740, in-8; — nunc vero a *J. C. Meuselio* ita digesta, amplificata et emend., ut pæne novum opus videri possit. Lipsiæ, 1782-1804, 11 voll. in-8.

67. WHISTLING, G. F., Handbuch der musikal. Literatur, od allgem. system geordnetes Verzeichniss gedruckter Musikalien, auch musikal. Schriften, etc. 2o umgearb. Ausg. Leipzig, 1828, in-8. — Eine Forsetzung hiervon ist : WHISTLING, C. F., musikalisch-literarischer Monathsbericht neuer Musikalien, etc., für das Jahr 1829. Ebend. 1829, in-8o.

4° *Catalogues systématiques de bibliothèques publiques.*

68. BARBIER, A. A., catalogue des livres de la bibliothèque du conseil d'état. Paris, 1803, 2 voll. in-fol.

69. DELANDINE, A. F., bibliothèque Catalogue des livres qu'elle renferme dans la section du théâtre. Lyon, 1818, in-8.

71. — — Bibliothèque de Lyon. de Lyon. Catalogue des livres qu'elle renferme dans la classe des belles-lettres, etc. Lyon, 1816-17, 2 voll. in-8.

70. — — Bibliothèque de Lyon, Catalogue des livres qu'elle renferme dans la classe de l'histoire, avec des remarques littéraires et bibliographiques sur les édit. du 15° siècle, les ouvrages rares et curieux, leur prix, etc., continué par *Delandine fils*. Lyon, 1824, 2 voll. in-8.

72. DUCOIN, P. A. A., catalogue des livres que renferme la bibliothèque publique de la ville de Grenoble, classés méthodiquement. Grenoble, 1831-39, 3 Tom. in-8°.

73. GARNIER-DUBOURGNEUF, catalogue, par ordre de matières, de la bibliothèque de la cour royale de Riom. Riom, 1836, in-8°.

74. LOUANDRE, C., catalogue de la bibliothèque communale d'Abbéville, suivi d'un tableau général alphabétique des noms des auteurs et des titres des ouvrages anonymes. Abbeville, 1836, 2 voll. in-8°.

75. [SALLIER et BOUDOT]. Catalogue des livres imprimés de la bibliothèque du Roi. Paris, 1739-53, 6 voll. in-fol.

76. VAUCHER, L., catalogue de la bibliothèque publique de Genève. Ibid. 1834, 2 part. in-8.

5° *Catalogues systématiques de bibliothèques particulières.*

77. *Bibliotheca* Buloviana i. e. systematisches Verzeichniss der zum Nachlass des verst. Herrn Stifsregierungsraths F. G. J. *v.* Bülow zu Beyernaumburg bei Sangerhausen gehoerigen — Sammlung von Büchern u. Handschriften aus allen Faechern der Wissenschaften, verfasst u. mit bibliogr. Anmerk. versehen v. G. H. Schaeffer. Sangerhausen, 1854 sq., T. 1-5. in-8.

78. *Catalogue* ou description bibliographique des livres de feu P. J. BAUDEWYNS. Bruxelles, 1817, 2 voll. in-8.

79. *Catalogue* raisonné de la collection des livres de Mr P. Ant. CREVENNA. Amst., 1776, 6 voll. in-4; et 1789, 6 part. en 5 voll. in-8, avec les prix imprimés.

80. *Catalogue* des livres de la bibliothèque de feu M. le duc de LA VALLIÈRE. seconde partie, disposée par J. L. NYON, l'aîné. Paris, 1788, 6 voll. in-8.

81. *Catalogue* des livres rares et précieux, au nombre de 14455 lots, de la bibliothèque de feu Nr Jean F. VANDEVELDE, rédigé d'après le catalogue manuscrit du défunt, par feu Mr P. F. De Goesin Verhaeghe. Gand, 1852, 2 voll. in-8°.

82. DEBURE, Guill., catalogue des livres de la bibliothèque du *Duc de* LA VALLIERE. Paris, 1783, 9 voll. in-8.

83. FRANCK, J. M. catalogus bibliothecæ Bunavianæ. Lipsiæ, 1750-56, 3 Tom. 7 voll. in-4°.

Les livres dont il donne l'indication, ont passe dans la bibliothèque de Dresde, ainsi que ceux de la bibliothèque du *c. de Bruhl*.

84. GAUDEROY, L. E. A., catalogue raisonné de la bibliothèque de feu C. L. VAN BAVIÈRE. Brux., 1818, 2 voll. in 8.

85. HAHN, S. F., conspectus bibliothecæ Regiæ Hanoveranæ, in ordinem justum redactæ. Hanoveræ, 1727, in-fol.

86. LASERNA-SANTANDER M. C. de, catalogue des livres de sa bibliothèque, avec des notes bibliographiques et littéraires. Bruxelles, 1803, 2 voll. in-8°.

FIN.

TABLE DES MATIÈRES.

FIN DE LA TABLE DES MATIÈRES.

1268

www.ingramcontent.com/pod-product-compliance
Lightning Source LLC
Chambersburg PA
CBHW051552050726

47595CB00002B/749